LA TEOLOSIS©

Y

LA

MUJER

Reflexiones bíblicas para la mujer de hoy en su experiencia de vida cristiana.

Elvin Heredia, PhD.

CONTENIDO

Prefacio   7

Introducción   11

Dedicatoria   15

Amar como Dios ama   19
- ¿Será posible? ¿Cuál es la clave?
Amor Imparable   37
- Nada detiene el amor de una madre.
Donaciones de mujer   49
- Aportaciones de la mujer a la dinámica
de la iglesia.
Intervención en la historia   65
- Observaciones prácticas sobre nuestro
llamado.
Jennifer y Rut   81
- Viviendo el propósito de Dios
en nuestras vidas.
Jocabed y María   95
- El amor que nunca nos deja.
La autora de Hebreos   105
- La contribución de la mujer al
canon bíblico.
Reclamando la herencia   115
- Este es el momento preciso, puntual
y único.
Dios y Mamá   125
- El arrullo de Dios en manos de la madre.

Madre de la promesa   133
- Los hijos de la promesa cuentan contigo.

El perfume del cristiano   143
- El distintivo exclusivo de nuestro
  carácter.

Notitas en el equipaje   153
- Algunas cosas que hacen las mujeres
  que nos recuerdan algunas cosas que
  hace Dios.

Control, voluntad y propósito   163
- La dolorosa experiencia de una madre
  nos revela el maravilloso quehacer de Dios
  en las cosas de la vida.

De profesión: Ama de casa   181
- Tareas de la madre en el hogar desde
  la perspectiva bíblica.

Breve biografía del autor   193

Información y Pedidos:
Amazon.com y elvinheredia@hotmail.com

Otros libros de la colección de TEOLOSIS®

© ® 2006
Teolosis: Formación y Crecimiento en Dios
ISBN 978-0-9842817-0-1
© ® 2013
La Teolosis y los Refranes Populares
ISBN 978-0-9842817-1-8
© ® 2014
La Teolosis, la Psicología Cristiana y el Dr. Jesucristo
ISBN 978-0-9842817-2-5
© ® 2014
La Teolosis y la Misión de la Iglesia
ISBN 978-0-9842817-3-2
© ® 2014
La Teolosis, el Matrimonio y la Familia
ISBN 978-0-9842817-4-9
© ® 2014
La Teolosis y la Navidad
ISBN 978-0-9842817-5-6
© ® 2015
La Teolosis y el Fruto del Espíritu
ISBN 978-0-9842817-6-3

PREFACIO

Cuando publicamos el libro *TEOLOSIS: Formación y Crecimiento en Dios*, (ISBN 978-0-9842817-0-1), hubo un hermano, a quien aprecio profundamente, quien se me acercó para darme su impresión del libro. Él me indicó que esperaba que el libro fuera una exposición teórica, a manera de ensayo, de lo que significaba TEOLOSIS.

Recuerdo que le contesté que el libro no pretendía explicar lo que era la teolosis para cada creyente. Simplemente, nuestros libros pretenden hacernos reflexionar sobre esa experiencia. En ese sentido, concluimos en nuestra conversación que la teolosis no podemos explicarla como un concepto concreto. Es más bien una experiencia, por lo que la teolosis no podemos explicarla, sino testificarla. Podemos teorizarla, pero es mejor vivirla.

¿De dónde sale la palabra "teolosis"?

La palabra *teolosis* surge del prefijo *teo,* que significa *Dios,* y del sufijo *osis,* mayormente utilizado para indicar *formación* o *crecimiento* de alguna condición, en términos médicos y científicos.

Por tanto, *teolosis* pudiéramos definirla como la formación, crecimiento y desarrollo de nuestra relación y conocimiento de Dios. En términos prácticos, la teolosis es una experiencia en la que vamos formándonos y creciendo como parte de nuestra vida cristiana y nuestra relación con Dios.

Ahora bien, la teolosis no es una tesis en el vacío. La teolosis se contempla desde 2 aspectos importantes de la vida: la experiencia y el propósito. Nuestro pasado aportó a nuestra vida un cúmulo de vivencias, las cuales atesoramos como experiencias que la vida misma nos regala. Son nuestros tesoros personales. Por otro lado, todas esas experiencias nos han preparado y capacitado de alguna manera para los propósitos insondables en la mente de Dios para cada uno de nosotros. Por tanto, la experiencia del pasado nos ha otorgado riquezas y recursos, los cuales utilizamos en nuestro presente, y los convertimos en activos para alcanzar el propósito de Dios en el futuro.

Con cada minuto que pasa acumulamos experiencias, las cuales, desde nuestro presente, nos permiten avanzar hacia el propósito.

Esta no es únicamente una realidad en la totalidad de la vida del ser humano. De eso también, precisamente, consiste nuestra teolosis.

Dios nos ha permitido vivir y conocer experiencias, dentro o fuera de la vida cristiana. De esas vivencias y experiencias Dios mismo se sirve para el cumplimiento de sus planes y propósitos en nosotros. Todo lo que hemos vivido y aprendido nos ha traído hasta el aquí y el ahora, con la intención de proyectarnos hacia todo lo que Dios tiene pensado para nosotros en adelante.

Puesto que la teolosis es una experiencia, la misma no será igual para cada creyente. Ésta dependerá de nuestra disposición a movernos en la carrera, y del propósito que Dios tiene para cada uno de nosotros.

Por tanto, cada teolosis en cada cristiano será diferente una de la otra, pues cada uno de nosotros somos diferentes, y el propósito de Dios para cada uno de nosotros es igualmente diferente. No obstante, cada experiencia tendrá el propósito absoluto de edificar la totalidad del cuerpo de Cristo, pues, de todas formas, todos estamos igualmente injertados en el cuerpo.

Hemos establecido un propósito universal en cada uno de nuestros libros sobre Teolosis. La intención de esta obra es dar una explicación a algunas interrogantes particulares que inevitablemente surgen ante situaciones específicas de la vida.

Queremos renovar el pensamiento, descubrir verdades, penetrar misterios, encontrar respuestas. Todo esto, a medida avanzamos en nuestra experiencia de fe. En nuestro caminar con Dios. En nuestra vivencia como cristianos.

En nuestra *teolosis*.

INTRODUCCIÓN

No es muy común que un hombre escriba para las mujeres. ¡Mucho menos un libro entero! Debo admitir que escribir este libro representó un gran desafío. No en términos de contenido, desde luego, sino más bien en términos de aceptación. ¿Será posible que un varón pueda escribir para las mujeres? ¿Podrá un hombre, desde su perspectiva masculina, aportar algo pertinente a la cosmovisión que la mujer tiene del mundo y de su realidad particular? ¡Por supuesto que sí!

En mi libro *"La Teolosis, el Matrimonio y la Familia"*, (ISBN 978-0-9842817-4-9) hice el comentario de que el hombre debe convertirse en la voz de Dios para la mujer, así como la mujer debe convertirse en la voz de Dios para el hombre. En eso consiste, en gran medida, su función como "ayuda idónea".

Si desde todas las perspectivas teológicas se considera a la mujer como ayuda idónea del hombre, ¿no cree usted que el varón también puede y debe ser ayuda idónea para la mujer? ¿No nos hace esto iguales y dependientes uno del otro? Si nosotros los hombres pudiéramos pensar como las mujeres sobre algunos asuntos particulares de la vida, y la mujer también hiciera lo mismo, ¿no nos ayudaría esto a que todos funcionemos en un solo pensamiento? ¿A ponernos en los zapatos del otro? ¿A sentir lo que siente el otro?

En mi humilde opinión, entiendo que en eso consiste la llamada equidad de género. De hecho, esta sería la única y absoluta manera de ayudar y sostener la equidad de los géneros. No desde la perspectiva sexual, genital y pervertida que algunos pretenden establecerla, sino desde todos los aspectos sustantivos, funcionales y relacionales con los que fuimos creados iguales, pero diferentes. Desde el propósito por el fuimos creados por Dios como hemos sido creados: que AMBOS, varón y hembra, puedan ser una sola carne, que AMBOS señoreen sobre la creación y AMBOS la sometan de acuerdo al propósito de Dios.

En ese sentido, la mujer fue creada distinta al hombre, pero en igualdad y semejanza con Dios y con el hombre. La diferencia consiste en las funciones que desempeñaría, pero todo dentro del mismo propósito contextual, que era que la raza humana señoreara sobre la creación. Nuestras funciones son diferentes, pero la diferencia lo que promueve no es la separación, sino la necesidad de permanecer y trabajar juntos. Que nos necesitemos.

La intención de este libro contempla ese propósito. Quiero ser instrumento de Dios para bendecir la vida de esa excelsa creación del Padre llamada MUJER, comenzando por las mujeres que rodean mi vida; mi esposa, mis hijas, mi madre, mi hermana, las mujeres de mi familia, la mujeres de la iglesia, y las mujeres del mundo.

Aquí les comparto algunos temas dirigidos a ministrar a la mujer en su experiencia de formación y crecimiento en la vida cristiana. Me atreví a hacerlo, contando con que lo que aquí les comparto pueda ser recibido con el mismo amor y buena intención con los que se los ofrezco.

¡Gloria a Dios por las mujeres!   ¡Feliz teolosis!

DEDICATORIA

A mi Amado Señor y Salvador Jesucristo, al Espíritu Santo y a la gloria del Padre Celestial. Gracias una vez más por tu presencia en mi ser, por tu dirección y por cada oración contenida en este libro. ¡Mi alma te alaba por siempre!

A mi amada esposa Carmencita, la mujer de mi vida, de mis sueños y de mi más hermosa y extraordinaria realidad. Gracias le doy a Dios por ponerte en mi camino, por ser mi ayuda idónea, y por ser esposa, madre y sierva del Señor ejemplar. ¡Te Amo!

Y, desde luego, a todas esas mujeres, (y hombres), en plena experiencia de formación y crecimiento en Dios. La mayor recompensa que Dios pueda darme por medio de este libro será el saber que alguna palabra aquí escrita marcó sus vidas de forma especial. Gracias por permitirme ministrar sus vidas con algunas de las cosas con las que Dios ministró la mía.

¡Feliz teolosis!

LA TEOLOSIS

Y

LA MUJER

AMAR COMO DIOS AMA
¿Será posible? ¿Cuál es la clave?

Lecturas: Lucas 7:36-50, 1 Juan 4:9-11, 1 Corintios 13

Supongo que pensarás que una vez más hablaremos del amor. Y puede ser que hasta pienses: ¿Qué podemos conocer o entender del amor que ya no conozcamos o que ya no se haya dicho?

Puede ser que también pienses que esta será una reflexión que compartiremos, y que hasta aceptemos, pero que realmente nunca practicaremos, porque tal vez pienses que amar de verdad no es humanamente posible. Seguramente pienses que el amor de los seres humanos siempre estará matizado por alguno que otro "elemento de la naturaleza humana" que desvirtúe su pureza. Y, desde luego, tal vez estés convencido de que amar como Dios ama es muchísimo menos probable.

Confieso que no será un desafío fácil, sobre todo si pretendo captar tu atención. Sin embargo, debo confesarte que mi intención no será entretenerte o convencerte. No pretendo darle forma a tu experiencia de amor con Dios. Simplemente voy a compartir contigo cuál es la mía.

De momento pienso en una interesantísima escena de la Biblia. En una ocasión Jesús se encontraba en casa de un fariseo llamado Simón. De momento, y sin nadie esperarlo, una mujer (que algunos alegan que era María Magdalena, sin embargo, el nombre no se menciona) entró en casa de este fariseo y comenzó a lavar los pies del Maestro con sus lágrimas.

Seguidamente, y luego de besar los pies de Jesús por un buen rato, esta mujer comenzó a secárselos con sus cabellos. Como si fuera poco, comenzó a ungir los pies de Cristo con un perfume que tenía en un frasco de alabastro que había traído consigo.

La escena no es especial únicamente por lo inusual de lo que estaba ocurriendo, sino porque la escena nos presenta un contraste en los personajes que la protagonizan. Ciertamente Simón y esta mujer no podían ser más distintos uno del otro. Ambos muy bien pueden representar los polos opuestos de la sociedad.

- Él es un líder en la iglesia. Ella es una mujer de la calle.
- Él era santificado por el pueblo. A ella la condenaban.
- Él se dedicaba a promover la ley moral. Ella se dedicaba a quebrantarla.

- Él es el anfitrión de la fiesta y el dueño de la casa. Ella es una intrusa que entró sin invitación.

Si ambos participaran en una elección para un puesto político o para ser un líder comunitario, seguramente Simón ganaría por la clásica milla. Él es un hombre honorable. Estudia teología. Enseña teología. Es un ministro. Usa camisa clerical. Todos lo escogerían a él. Ciertamente todos, menos uno. Todos, menos Jesús.

¿Por qué? ¿Por qué se nos ocurre decir que Jesús no escogería a Simón? Porque Jesús los conocía a los dos muy bien. Demasiado bien, yo diría. Es por eso que Jesús no lo escoge a él, sino que la escoge a ella.

"¿Cómo se le ocurre?". "¡Está loco!". Éste y otros pensamientos o comentarios pudieron haber sido algunos de los que pasaron por la mente de los invitados, o que ciertamente se escucharon por parte de los presentes. En el caso específico de Simón el fariseo, su pensamiento no fue únicamente un pensamiento de juicio contra la mujer pecadora, sino que fue también un pensamiento prejuiciado en contra del mismo Cristo.

Sin embargo, con lo que Simón el fariseo no contaba era con que Jesús, por ser el Hijo de Dios, por ser precisamente quien Simón no creía que Jesús era, pudo escuchar sus pensamientos. ¡Vaya sorpresa para Simón! Ese día aprendió que no se pueden tener pensamientos que no querríamos que Jesús oyera.

No obstante, y a pesar del "disparate", Jesús elige a la mujer. Y no sólo eso, sino que le explica a Simón por qué lo hace, pero lo hace de una manera muy singular. Al estilo de Jesús. Como solamente Él sabe hacerlo.

Lucas 7:40:47 nos presenta una vez más a Jesús utilizando su técnica de enseñanza por excelencia: la parábola.

"Entonces respondiendo Jesús, le dijo: Simón, una cosa tengo que decirte. Y él le dijo: Di, Maestro. Un acreedor tenía dos deudores: el uno le debía quinientos denarios, y el otro cincuenta; y no teniendo ellos con qué pagar, perdonó a ambos. Di, pues, ¿cuál de ellos le amará más? Respondiendo Simón, dijo: Pienso que aquel a quien perdonó más. Y él le dijo: Rectamente has juzgado. Y vuelto a la mujer, dijo a Simón: ¿Ves esta mujer? Entré en tu casa, y no me diste agua para mis pies; mas ésta ha regado mis pies con lágrimas, y los ha enjugado con sus

cabellos. No me diste beso; mas ésta, desde que entré, no ha cesado de besar mis pies. No ungiste mi cabeza con aceite; mas ésta ha ungido con perfume mis pies. Por lo cual te digo que sus muchos pecados le son perdonados, porque amó mucho; mas aquel a quien se le perdona poco, poco ama". (Lucas 7.40–47). (RVR60).

Sin que Simón se diera cuenta, Jesús le tendió una trampa. Lo encerró en su propio juicio. Jesús lo descubre y lo pone en entredicho delante de todos. Noten que Simón invita a Jesús a su casa pero lo trata como a un pariente que molesta. No tiene gestos amables hacia él. No lo recibe con un beso. No le lava los pies. No hubo aceite para ungirle la cabeza. En nuestros tiempos esta hubiera sido una falta crasa de etiqueta en la atención para un huésped o un invitado. Nadie le abrió la puerta. Nadie le colgó el abrigo. Nadie le estrechó la mano. En fin, un cero gigantesco en la hoja de evaluación de servicio al cliente. Simón no hizo nada para que Jesús se sintiera bienvenido. En cambio, la mujer hizo todo lo que no hizo Simón.

Desde luego, este no es un asunto que a Simón le interese. Para Simón hay otras prioridades. De hecho, para Simón no hay otra prioridad, sino él mismo.

- Él es de los primeros que llegan al templo, aunque hayan dejado atrás a un samaritano herido y moribundo. Él tiene prisa. Él va para la iglesia.
- Él tiene una reputación que cuidar. Él es el ministro. Sus vestiduras son blancas. Él no se junta con "la chusma".
- En ese momento su mente no está en servir a su invitado, sino en criticar y despreciar a la mujer que realmente lo está haciendo.
- A Simón en ese momento no le interesa la esencia. Le preocupa la apariencia. No sabe ni a quién gritarle primero, si a la mujer intrusa o al sirviente que la dejó entrar. Su celo por la casa de Dios no le permite entender que, en primer lugar, la casa de Dios no le pertenece. La Casa de Dios es de Dios, y Dios recibe en ella a todos.

De la mujer pecadora no sabemos su nombre. Sólo sabemos algo de su reputación. Ella era una pecadora. Lo más probable es que fuera una prostituta. ¿Qué otra reputación más infame que esa? A ella no la habían invitado a la fiesta. Ella tiene mala fama en la comunidad. Ella es una hija del diablo. Ella ya tiene separada una parcela en la esquina más caliente del infierno. Así pensaron de ella. Así, desafortunadamente, muchas veces pensamos nosotros.

Pensamos que la justicia de Dios se manifiesta por causa de la maldad de los hombres, cuando realmente la justicia se manifiesta a los hombres malos por causa de la bondad del Dios. Es decir, no es porque los hombres sean malos, sino porque Dios es bueno.

¿Qué pensaríamos si una prostituta con un traje corto y ajustado se presenta en la fiesta de Navidad de la iglesia? O, ¿qué tal si en el culto del domingo se presenta un travesti vestido de mujer? A veces nosotros pensamos que a la iglesia vienen los convertidos, cuando realmente venimos a la iglesia para convertirnos. A veces pensamos en lo glorioso de venir a la casa de Dios para entregarle a Él nuestra adoración, pero se nos olvida que es aún más glorioso que un pecador venga a la iglesia a entregarle a Dios sus pecados. Parece mentira que seamos nosotros quienes muchas veces no pensemos así, y que sea una pecadora con su sinceridad quien ponga al descubierto nuestra hipocresía.

La mujer pecadora del pasaje no fue invitada. Nadie se acordó de ella. De hecho, seguramente ella sabía que no sería bien recibida. Ella sabía muy bien lo que la gente pensaba de ella. Pero el «qué dirán» no la hizo desistir de ir a la fiesta.

En última instancia, ella no vino a la fiesta por la gente. Ella vino por Jesús. La mujer pecadora había descubierto en Jesús el amor que equivocadamente buscó en los hombres.

- Seguramente fue testigo de las muchas veces que Jesús tocó a los leprosos, o que dio vista a los ciegos.
- Tal vez era amiga de la mujer que fue sorprendida en el mismo acto de adulterio, y su historia la conmovió en su espíritu.
- Tal vez identificó entre sus seguidores a algunos de los que antes estuvieron con ella y que ahora eran hombres transformados.
- Ella descubrió que un amor así era capaz de convertir a un cobrador de impuestos como Mateo en uno de sus discípulos.
- Si el tosco pescador que antes era conocido como Simón ahora se llama "Pedro" y le sigue, ¿no podía ella también seguirle? ¿No podía ella también recibir un nuevo nombre? ¿Una nueva vida? ¿Una nueva reputación?
- Ése era el amor que ella estaba buscando. Ése era el amor que ella quería, e iría a buscarlo donde fuera, como fuera y contra quien fuera.

Curiosamente la escena nos presenta un contraste entre Simón y esta mujer. Quizás pensaríamos que Simón sería el que trataría de estar más cerca de Jesús. ¿Acaso no es el reverendo de la iglesia, el estudioso de las Escrituras? Por otro lado, pensaríamos que la mujer sería la que trataría de evitar a Jesús. ¿Acaso no es la mujer de la noche, la mujerzuela del pueblo? ¿Cómo podemos, entonces, explicar la diferencia entre los dos? ¿Qué puede provocar y producir un contraste tan grande? ¿Qué ha descubierto ella que Simón ignora? ¿Qué tesoro ella logra apreciar que Simón pasa por alto?

Ese tesoro es uno. Solamente uno. Ese tesoro es el amor de Dios.

Ella vino buscando el amor de Dios por medio de su perdón. Y vino con la actitud correcta. Con la determinada intención de recibirlo. Por eso vino dispuesta a dejarlo todo. Sus lágrimas. Su cabello. Su perfume de alabastro. Su orgullo. Su vergüenza. Su reputación, buena o mala. Su culpa. Su arrepentimiento. Ella vino buscando el perdón de sus pecados y lo encontró, porque lo encontró en el amor de Dios. En cambio, Simón se convirtió en el contraste. De creer que era el héroe de la historia, pasó a ser el villano. De ser quien creía que lo tenía, pasó a ser quien más lo necesitaba.

La mujer entendió que necesitaba el amor de Dios. Simón, por el contrario, no sabe que lo necesita. Peor aún, aunque piensa que lo tiene, no sabe que no lo tiene.

- La gente como Simón piensa que no necesita la gracia. Por el contrario, piensa que tiene la sabiduría para analizarla.
- La gente como Simón piensa que no necesita misericordia. Piensan que ellos son los llamados a distribuirla a quienes ellos entienden que se la merecen.
- Lo cierto es que Simón también podía recibir ese amor de Dios en su vida, pero sencillamente nunca lo pidió.

Así andan muchos por la vida, creyendo que pueden amar, cuando nunca se han dejado amar por Jesús. Inflados de todo, menos del amor de Dios. Desafortunadamente para ellos, la verdad es que nadie puede dar lo que no tiene.

Esto me hace pensar que la mujer pecadora realmente no vino a buscar el amor de Jesús como si no lo conociera desde antes. Ella vino a darle a Jesús con sus lágrimas, sus besos, su cabello y su perfume una pequeña demostración del amor que Jesús ya le había demostrado primero.

Ciertamente no podemos dar lo que no hemos recibido. Y si nunca hemos recibido amor, ¿cómo podemos amar a otros?

Lo intentamos. Tratamos con todas nuestras fuerzas, y ese es precisamente nuestro error. Queremos amar a otros con nuestras fuerzas y no con el amor. Lo irónico es que, cuanto más necesitamos amar a una persona, aún con nuestro mejor deseo de obedecer a Dios, lo que realmente hacemos es aplicar mayor fuerza a nuestro intento. Entonces apretamos nuestros dientes, cerramos nuestros ojos y en el nombre de Jesús, como quien se lanza a un precipicio, decimos:

- "Mi cónyuge necesita que lo perdone. No sé cómo, pero lo voy a hacer".
- "No sé cómo lo voy a hacer, pero voy a ser amable con ese vecino imprudente".
- "Se supone que debo amar a mis enemigos y a los que me han hecho daño. No sé cómo lo voy a hacer, pero los voy a perdonar en el nombre de Jesús".

¿Se ha dado cuenta de algo? Expresiones de esta naturaleza realmente no están poniendo de manifiesto una gran capacidad, sino una gran debilidad. No está demostrando nuestra potencia, sino nuestra carencia.

Cada vez que decimos "no sé cómo" estamos declarando que hay algo que no tenemos, que nos hace falta, para poder hacer realmente eso que decimos que haremos.

Afortunadamente es posible perdonar a nuestro cónyuge, es posible ser amable con todos y es posible amar a nuestros enemigos y a quienes nos han hecho daño. La clave para esto la encontramos en las Escrituras. En 1 Juan 4:9-11 leemos:

"En esto se mostró el amor de Dios para con nosotros, en que Dios envió a su Hijo unigénito al mundo, para que vivamos por él. En esto consiste el amor: no en que nosotros hayamos amado a Dios, sino en que él nos amó a nosotros, y envió a su Hijo en propiciación por nuestros pecados. Amados, si Dios nos ha amado así, debemos también nosotros amarnos unos a otros. (RVR60).

¿Podemos realmente amar así? Puede ser que lo logremos por algún tiempo. Tal vez podamos mientras tengamos fuerzas, pero cuando éstas se acaben dejaremos de amar. Puede ser que, como Simón, abramos la puerta. Pero nuestra verdadera demostración de amor requiere mucho más que una buena intención.

Algunos de nuestros cónyuges necesitan que les lavemos los pies. Algunos de nuestros amigos necesitan llorar en nuestro pecho, y que lloremos juntamente con ellos. Muchos necesitan hoy la tierna y sincera caricia de nuestros cabellos. Nuestros hijos necesitan que los cubramos con el aceite y el perfume de nuestro amor. Que rompamos nuestros frascos de alabastro, no importando lo que cuesten. Hace falta más que una buena intención para perdonar a nuestro enemigo. Hace falta más que mucha fuerza para salvar un matrimonio. Pero si nosotros no hemos recibido estas cosas, ¿cómo podemos dárselas a otros?

La clave está en el primer paso. La clave para dar amor está en recibirlo primero. Para amar como Dios ama tenemos que comenzar recibiendo primero el amor de Dios.

Los predicadores somos culpables de habernos saltado el primer paso. Les decimos a nuestras iglesias que se amen los unos a los otros, que sean pacientes, amables, y que se perdonen mutuamente, pero instruir a la gente a amar sin antes explicarles que son amados, es como pedirles que giren un cheque sin antes haber depositado dinero en la cuenta.

No en balde hay tantas relaciones "sobregiradas". Los corazones no tienen suficiente amor, por eso no pueden darlo.

El apóstol Juan nos presenta el orden correcto. Él lo conoce. Él lo ha vivido. Él fue testigo de la escena de Lucas 7. De ser uno de "los hijos del trueno", pasó a ser "el discípulo amado". Lo correcto es hacer un depósito antes de decirnos que giremos el cheque. Lo primero que nos dice es:

"En esto consiste el amor: no en que nosotros hayamos amado a Dios, sino en que él nos amó a nosotros, y envió a su Hijo en propiciación por nuestros pecados". (1 Juan 4:10). (RVR60).

Ahí está nuestro depósito. Cristo es nuestro depósito de amor por parte del Padre. Entonces, luego de este depósito tan espléndido y sustancioso, Juan nos pide a ti y a mí que saquemos la chequera:

"Amados, si Dios nos ha amado así, debemos también nosotros amarnos unos a otros".
(1 Juan 4:11) (RVR60).

El secreto de amar es vivir siendo amado. Este es el primer paso que olvidamos en nuestras relaciones.

El Apóstol Pablo nos recuerda en Efesios 3:17 que para que habite Cristo en nuestros corazones debemos estar cimentados en amor. Al igual que los árboles sacan sus nutrientes de la tierra, nosotros obtenemos el amor del Padre amoroso.

¿Qué sucedería si el árbol no tiene contacto con la tierra? Sucede lo mismo que ocurre con el árbol de Navidad cuando lo desmontamos todos los años. Por varias semanas ese árbol verde y oloroso que compramos no estuvo arraigado a la tierra, sino que tuvo como cimiento una base de metal. No bien comienza usted a quitar los adornos, el árbol comienza a deshacerse. Se va cayendo en pedazos.

Así sucede con muchos. Así sucedió con Simón. Su aspecto impresionaba, estaba muy bien decorado, pero se hacía pedazos cuando Jesús le quitaba lo superficial para mostrar lo esencial. Sin los adornos que había adquirido por sus habilidades, por su prestigio y por su reputación con el pueblo, Simón no era capaz de igualarse a una pecadora de la calle.

¿Te suena esto familiar? ¿Conoces a alguien así? ¿No será, acaso, que ese es tu caso?

¿Cómo podemos amar del mismo modo que Dios ama? ¿Cómo podemos ser cariñosos con la gente que no cumple sus promesas? ¿Con los antipáticos? ¿Con los que nos han maltratado? ¿Con aquellos que traicionaron nuestra confianza? Queremos hacerlo. Lo anhelamos. Lo intentamos. Pero, ¿cómo podemos hacerlo?

Amamos en verdad cuando en verdad hemos sido amados. Cuando conocemos el amor por experiencia propia. Cuando lo conocemos como algo definitivo, y no como una definición.

Hay quien piensa que 1 Corintios 13 es el mejor capítulo de la Biblia. Sus palabras en torno al amor son poderosas y cautivantes. En especial, los versículos del 4 al 7.

"El amor es sufrido, es benigno; el amor no tiene envidia, el amor no es jactancioso, no se envanece; no hace nada indebido, no busca lo suyo, no se irrita, no guarda rencor; no se goza de la injusticia, mas se goza de la verdad. Todo lo sufre, todo lo cree, todo lo espera, todo lo soporta". (1 Corintios 13:4-7). (RV).

Quisiera lanzarte un reto. ¿Te atreves a cambiar la palabra "amor" por tu nombre?

Si vuelves a leer el pasaje con este cambio, ¿estarás diciendo la verdad? Solo hay una manera de que eso sea cierto: Cuando hemos recibido el amor de Dios de esa misma manera. Podemos estar diciendo la verdad solo si hemos entendido que Dios nos amó así primero.

En vez de dejar que el mundo nos haga pensar en un amor que no podemos producir por nuestras fuerzas, dejemos que Dios nos recuerde un amor al que no podemos resistirnos ni con todas nuestras fuerzas.

Que no te importe lo que eres, o lo que hayas sido. Que no te importe lo que la gente piense de ti. Bueno o malo. El amor de Dios lo necesitamos todos. Es necesario que experimentemos el amor de Dios para luego venir y derramarnos delante de Él. Como la mujer pecadora. De otra forma, sería un acto de hipocresía. Como el de Simón.

Recuerda que sin ese amor, no podrás amar como Él ama...

AMOR IMPARABLE
Nada detiene el amor de una madre.

Lectura: Mateo 15:21-28

En Septiembre 21 de 1989 se celebraba un combate de boxeo en la localidad de Southampton, Inglaterra, entre los boxeadores Tony Wilson y el invicto Steve McCarthy en la división de los semipesados. En un momento del combate, Tony Wilson estaba siendo castigado incesantemente por el favorito McCarthy, cuando de momento surgió lo inesperado.

Ante la mirada atónita del árbitro, de los espectadores, y hasta del mismo Tony, la madre de este último entró al cuadrilátero y la emprendió a zapatazos contra el oponente de su hijo. Cuando se pudo controlar la situación ya era demasiado tarde. La señora fue sacada del cuadrilátero por la seguridad del evento, pero había provocado heridas en la cabeza de McCarthy, lo que le impidió continuar la pelea.

Lo insólito del suceso fue que el árbitro detuvo el combate y declaró ganador a Tony Wilson por nocaut técnico. La decisión del combate fue protestada por el equipo de McCarthy, pero la Comisión Reguladora de Boxeo de Inglaterra sostuvo la decisión del árbitro en vista de que la situación surgió como una negligencia de la seguridad del lugar, y no por acción indebida por parte de ninguno de los boxeadores.

Que el hijo ganara la pelea por la intervención de su madre no le pareció justo a muchas personas, pero aquella madre no pudo soportar por más tiempo el castigo al que su hijo estaba siendo sometido. Cuando fue entrevistada por la prensa deportiva, ella simplemente declaró que, ante la situación de peligro que atravesaba su hijo, ella entendió que tenía que hacer algo.

Nada parece detener el amor de una madre cuando se trata de sus pequeños. El instinto materno es capaz de impartirle fuerzas sobrehumanas a la más diminuta de las mujeres. Las madres son intrépidas, osadas, valientes, y hasta tercas cuando se trata de defender y cuidar a sus hijos, y de proveerles todo lo que ellos necesitan. Tal cual es la historia de la mujer cananea que nos presenta el evangelio de Mateo.

La mujer cananea es, sin duda, un ejemplo de persistencia. De un amor que no se desanima ni se detiene ante nada ni nadie. No por nada el amor de madre es comparado al amor de Dios. Dios persiste en su amor por nosotros, aun cuando nosotros lo rechacemos.

No importa cuánto hayamos pecado, el amor de Dios es el que siempre quiere que todos procedamos al arrepentimiento. (2 Pedro 3:9).

En este interesante caso, notamos unas características especiales que distinguen el amor de las madres. Veamos cuáles pueden ser estas características que el pasaje nos muestra.

1. Una madre convierte el dolor de su hijo en su propio dolor.

El pasaje nos muestra dos expresiones que ponen de manifiesto esta hermosa característica del amor de una madre. En Mateo 15:22 encontramos a esta mujer cananea siguiendo a Jesús, y clamaba diciendo: *"Señor, Hijo de David, ten misericordia de mí"*. Más adelante, en Mateo 15:25, hace un gesto aún más dramático, cuando viene y se postra ante Jesús y le dice: *"Señor, socórreme"*.

Note cómo no clama inicialmente por su hija, sino que clama por misericordia para ella. Esta mujer asume como suyo el dolor, el sufrimiento y el tormento de su hija. A ella le duele el dolor de su hija. Un dolor que puede hasta doler aún más, porque está combinado con impotencia.

Ciertamente el corazón de una madre no puede permanecer indiferente ante la angustia que pueda estar pasando el fruto de su vientre. Si algo consume el corazón de una madre es la impotencia de no poder aliviar la pena de su retoño.

Es por eso que la madre se arma de valor, y es capaz de enfrascarse en un combate hasta la muerte. No importa si no tiene guantes de boxeo para defender a su hijo. Peleará, aunque tenga que armarse con los tacos de un zapato. Su amor la hará indetenible, sin importar el tamaño del problema, del dolor o del adversario.

La petición de esta mujer cananea nos revela una interesante verdad acerca del amor y la misericordia de Dios. No sucede únicamente que la gracia de Dios que alcanza a los padres también alcanza a los hijos, sino que la gracia y misericordia de Dios que alcanza a los hijos también representa un acto de gracia y misericordia para los padres. Cuando Dios sana a un hijo, toda la familia se sana. No solamente el hijo recibe alivio; también lo recibe la madre. En ese sentido, si la madre se identifica con el dolor del hijo, también se identifica con el sentimiento de paz y gozo del hijo cuando es libre de su dolor.

De ahí, entonces, surge la exhortación a reconocer la importancia de que las madres intercedan ante Dios incesantemente por sus hijos. Una madre no debe descansar hasta que no vea a su hijo totalmente libre de la influencia del pecado, y totalmente restaurado por el poder de Dios. La hija de la mujer cananea estaba siendo atormentada por un demonio. (Mateo 15:22). Nada detendría a esta madre, hasta que no viera a su hija libertada. Con esa misma intensidad deben las madres, y todos nosotros, ponernos en la brecha por los hijos.

2. Una madre persiste en su clamor hasta ver una respuesta.

Jesús siempre atendió a la gente. Siempre tuvo tiempo para ellos y sus necesidades. Nunca dejó a nadie sin una respuesta de su parte. Siempre tuvo compasión por los desvalidos. Nadie salía de su presencia sin recibir un toque de su gracia y misericordia. Sin embargo, es curioso notar que este caso particular de la mujer cananea, Jesús no respondió palabra ante su clamor.

Jesús está ante una mujer angustiada por la condición de su hija. Él no está ajeno al sufrimiento de esta madre, pero su actitud parece un tanto inexplicable. Incompatible. Incomprensible.

No obstante, la actitud que se destaca en el pasaje no es la aparente actitud de indiferencia de Jesús, sino la sorprendente actitud de una madre que no se inmuta ante la aparente falta de respuesta de parte de Dios.

Esto parece indicar que, si el amor de una madre es comparable al amor de Dios, la fe de una madre es la medida perfecta de fe que Dios espera de nosotros. Esta madre persistió en su clamor desesperadamente, sin tregua ni descanso. Había llegado delante del Único que verdaderamente podía ayudarla. No desperdiciaría por nada del mundo la oportunidad de suplicarle. De rogarle. De postrarse, tal cual fue el caso.

Tuvo que ser inmensamente frustrante no recibir respuesta de Jesús en ese momento. Tuvo que ser también muy frustrante el hecho de que los discípulos de Jesús le rogaron a éste que la despidiera. (Mateo 15:23). Sin embargo, esta mujer estaba absolutamente decidida. Su insistencia llegaría al borde de la terquedad, si fuese necesario, por conseguir para su hija lo que estaba buscando. Ella no se daría por vencida. No había obtenido una respuesta, y hasta que no la obtuviera no cejaría en su clamor.

Por alguna razón que solamente la fe puede explicar, esta mujer entendía que la falta de respuesta de Jesús no significaba que no había, en efecto, una respuesta para su situación. En ese sentido, ella persistiría, sin importar el tiempo que fuera necesario, hasta que la respuesta de Jesús se produjera.

Por tanto, el amor de madre de la mujer cananea nos enseña la importancia de la fe en el ejercicio de amor para con nuestros hijos. Nos enseña la importancia de la fe en la perseverancia e intercesión por nuestros hijos, sin importar las circunstancias adversas que pretendan opacar nuestra fe y nuestro amor. Nos enseña que, así como lo hace una madre, perseveraremos en el amor y la fe hasta las últimas consecuencias.

3. Una madre persiste en su clamor aunque la respuesta que reciba no sea la que espera.

Cualquier otra persona se hubiera desilusionado por la aparente indiferencia de Jesús ante el pedido de misericordia de esta mujer. De hecho, muchos de nosotros nos hemos sentido desilusionados y cansados de pedir a Dios por una respuesta a nuestras peticiones que nunca se presentó.

Incluso por aquellas que no se han contestado todavía. Cualquiera, sí, cualquiera, excepto una madre.

El amor y la fe de esta mujer nos enseña algo muy importante en ese sentido: Cuando no tenemos alternativa, cuando se acaban los caminos, cuando terminan las opciones, Dios es la alternativa, el camino y la mejor opción. Dios es el único que puede darnos la respuesta a nuestras interrogantes, la solución a nuestros problemas y el alivio a nuestro dolor. Si algo nos enseña esta mujer con su amor y su fe es que siempre encontraremos respuesta en Dios, aunque esa respuesta no parezca estar presente.

Ahora bien, ¿qué tal cuando la respuesta que esperamos de Dios no es la respuesta que teníamos en mente? ¿Qué tal cuando Dios contesta exactamente de la manera que menos esperamos? ¿Qué tal cuando el Dios de las respuestas no satisface nuestra expectativas?

Tal pudo haber sido la impresión de esta madre, quien procurando una respuesta del Maestro, no solamente experimenta su aparente indiferencia, sino que cuando al fin le responde, le responde de la manera menos esperada.

La mujer cananea resiste la indiferencia por amor a su hija, soporta el rechazo de los discípulos, y finalmente se despoja de su orgullo para postrarse ante Jesús y suplicarle que la socorra. Intenso, ¿no le parece?

Ante todo esto, finalmente Jesús rompe el silencio. ¡Por fin habrá una respuesta para esta desesperada mujer! ¡Viene el milagro! Pero el milagro no ocurrió. Para sorpresa de esta mujer, Jesús le declara lo que seguramente ella no esperó escuchar de Jesús jamás. Mateo 15:26 nos presenta lo que algunos pudieran catalogar no solamente como la negativa de Jesús a ayudar a esta madre angustiada, sino hasta como un insulto a esta mujer. Mateo 15:26 dice que Jesús le respondió a esta mujer que *"no está bien tomar el pan de los hijos y echarlo a los perrillos"*.

- Jesús le dice prácticamente a esta mujer que lo que le está pidiendo no es correcto.
- Que esta mujer no tiene derecho a reclamar un milagro para sí o para su hija.
- Que ella no es digna de su misericordia.

¿Sabe una cosa? Por extraño que esto pueda parecerle, Jesús le dijo la verdad.

45

El Apóstol Pablo hace una referencia a esta verdad cuando en Romanos 3:23 indica que todos estamos destituidos de la gloria de Dios por causa del pecado. De no ser por la gracia y la misericordia de Dios, nadie sería salvo, o como el mismo Pablo indica en Romanos 3:24, somos *"justificados gratuitamente por su gracia, mediante la redención que es en Cristo Jesús"*. (RVR60).

Sin embargo, esta mujer apela, precisamente a la misericordia de Dios porque en definitiva, y ciertamente, está pidiendo a Jesús algo que entiende que no merece. Y es que en eso consiste, precisamente, la misericordia de Dios. La misma nos alcanza por gracia del Padre, no por méritos propios. De otra forma, no sería misericordia.

Esta madre entiende que la respuesta que está procurando de parte de Dios no tiene como fundamento su ignorancia ni su indignidad, sino que la respuesta que entiende que recibirá por la fe tiene como fundamento la sabiduría de Dios y un amor que sobrepasa todo entendimiento.

- Un amor que cubre multitud de pecados. (1 Pedro 4:8).
- Un amor que ella entiende de alguna manera, porque su amor es muy parecido al amor de Dios.

¡Por eso se humilla! ¡Por eso se postra, aunque su pedido es tan legítimo como el amor que la caracteriza! Porque ella entiende perfectamente algo que a nosotros nos cuesta trabajo entender.

- Cuando venimos ante Dios debemos desprendernos de lo que consideramos como nuestros derechos para preferir mejor la misericordia divina.
- La misericordia de Dios no la alcanzaremos por méritos propios, sino por gracia. Como una dádiva de Dios. Como un regalo inmerecido.
- La mejor manera de esperar la misericordia de Dios es asumiendo la postura que asumió esta mujer: Postrados ante Jesús.

Finalmente el pasaje concluye con la admiración y reconocimiento por parte de Jesús hacia esta increíble mujer y su fe inquebrantable. Termina diciendo el pasaje que ella obtuvo de Jesús exactamente lo que esperaba. Jesús le dijo, ante lo sorprendente de su fe, *"hágase contigo como quieres"*. (Mateo 15:28).

¿Qué hubiéramos hecho nosotros ante lo que pareció ser la indiferencia de Jesús ante un dolor y un reclamo como este?

¿Qué hubiéramos hecho nosotros si cuando Jesús nos responde, lo hace de la manera que no esperamos? ¿Cuántos de nosotros pudiéramos estar ahora mismo desilusionados con Jesús?

El amor de una madre nos enseña que, ante la impotencia de ver a nuestros hijos sometidos por la maldad y el pecado, que aunque su dolor las cargue y las agobie, que aunque no nos parezca que Dios nos responde, y que aunque la respuesta de Dios no sea la que esperamos, siempre vale la pena salir al encuentro con Jesús.

Es hora de sostenernos con la fe en Dios, quien es el único que nos puede ayudar en el momento de crisis. Aunque la respuesta parezca tardarse, o finalmente no sea la que esperamos, siempre podemos esperar de Dios lo mejor.

Lo esperamos de una madre abnegada. Esperémoslo también de Él...

DONACIONES DE MUJER
Aportaciones de la mujer a la dinámica de la iglesia.

Lecturas: Éxodo 2, 38:8, Lucas 4

Durante el mes de marzo se celebra en Puerto Rico la Semana de la Mujer. Es una semana en la que se reconoce la aportación de la mujer en todas las áreas del quehacer social, laboral y cultural de nuestro País.

Desde luego, esta es también una perfecta ocasión para reconocer la labor de nuestras mujeres en la iglesia. Hoy por hoy, contamos con extraordinarias mujeres de Dios en el campo misionero, en la pastoral, en funciones administrativas, ministeriales y educativas de la iglesia, así como también en el servicio a los más necesitados. Y, por supuesto, no debemos olvidar lo delicioso que cocinan para nuestras actividades sociales y lo hermoso que conservan nuestros templos, gracias al mantenimiento esmerado y responsable que realizan. A ellas vaya nuestro más afectuoso reconocimiento, acompañado de nuestra gratitud y un efusivo aplauso.

Ahora bien, queremos también destacar que la Escritura igualmente reconoce y resalta la aportación de la mujer a la vida de la iglesia.

La mujer marca extraordinariamente la vida y la dinámica de la iglesia, sin que ella tenga que ser una pastora reconocida o una líder de alto rango en alguna denominación. Por cierto, tan significativa me parece la aportación de la mujer en la Biblia, que yo siempre he afirmado que la carta a los Hebreos es la aportación de la mujer al canon bíblico.

Aunque muchos adjudican la autoría de esta carta a Pablo, Apolos o Bernabé, siempre me ha parecido que la misma es el resultado de la instrucción ofrecida por Priscila y su esposo Aquila al joven Apolos en Éfeso. (Hechos 18:26). Esa instrucción fue para Apolos un curso intensivo del evangelio según Jesucristo. Fue con este nuevo material y con esta instrucción con lo que seguramente Apolos, *"con gran vehemencia, refutaba públicamente a los judíos, demostrando por las Escrituras que Jesús era el Cristo".* (Hechos 18:28). (RVR60).

(Además, consideremos en este breve paréntesis algunas características y particularidades que, a mi juicio, apoyan nuestra teoría):

- La escritura de la carta a los Hebreos y la narración de Lucas en Hechos 18 coinciden cronológicamente.

- La ortografía un tanto deficiente y el pobre estilo literario de la carta indican que la persona que la escribió no era una persona versada en el griego, lo cual era una característica particular de las mujeres griegas. En ese sentido, recordemos que Priscila era una mujer griega, de Corinto, y estas mujeres, aunque no lo hacían regularmente ni de manera cuidadosa, sabían leer y escribir griego.
- En aquellos tiempos no era propio que la mujer apareciera adjudicándose ningún escrito como de su autoría, lo que explicaría el que su nombre no aparezca como autora de la carta.
- Por otro lado, ningún varón se adjudica la autoría de la carta, lo que hace pensar que, si fue un varón quien finalmente redactó la epístola, no tuvo el valor moral de firmar la carta como propia, y apropiarse de unos derechos de autor que no le correspondían, esto por honestidad o porque dentro del círculo cerrado entre quienes se preparó el escrito se sabía que había sido una mujer la autora de la carta.
- Por tanto, aun cuando cabe la posibilidad de que Priscila no la haya escrito de su puño y letra, (y sí lo haya hecho Apolos como parte de sus "anotaciones de la clase"), tengo razones para pensar que

ella fue, cuando menos, la autora intelectual de la carta a los Hebreos).

No debe haber duda de la gran aportación que realiza la mujer al quehacer de la iglesia. En ese sentido, quisiera resaltar algunas de esas aportaciones con las que las mujeres bendicen la iglesia desde unas áreas en las que muy seguramente no son reconocidas, y que, desde luego, tales aportaciones son muy significativas en nuestros tiempos. (Abundaremos en este tema en el capítulo "La Autora de Hebreos", más adelante).

Veamos algunas de ellas que resultan ser muy interesantes.

1. Extraen el agua del pozo.

Esta era una tarea que se asociaba al rol de la mujer y las esposas en la antigüedad. Tanto así que era muy raro ver a un hombre realizando este trabajo, aunque algunos siervos varones lo realizaban en aquel tiempo. No obstante, desde Éxodo 2 se nos presenta a la mujer ejerciendo esta labor como parte de sus quehaceres domésticos. Éxodo 2:16 registra que siete hijas del sacerdote de Madián venían al pozo a sacar agua para llenar las pilas y dar de beber a las ovejas.

Fue en esa ocasión donde Moisés, quien huía de Egipto por un caso de asesinato, las ayuda y las defiende de los otros pastores de la región y termina casándose con Séfora, una de las hijas de Jetro.

Otro caso similar es el de la mujer samaritana (Juan 4), quien también acudía al Pozo de Jacob para sacar agua cuando se encuentra con Jesús. Tal vez por eso es que Jesús utiliza como referencia la figura de un hombre que lleva un cántaro de agua, (Lucas 22:10), como una señal para que sus discípulos pudieran identificar la casa y al hombre que les prestaría el aposento para la celebración de la Última Cena. No era común que un hombre realizara dicha tarea, por tanto, los discípulos no podían fallar en identificarlo fácilmente.

¿Significa esto que el hombre no pueda realizar tareas asociadas comúnmente con las mujeres? Entiendo que no. Yo mismo no soy un experto en la cocina, ¡pero no lo hago tan mal! De hecho, se dice que los mejores cocineros y chefs del mundo son varones.

Ahora, ¿significa, entonces, que la mujer no pueda igualmente realizar tareas que histórica y culturalmente se han relacionado a los hombres? Por supuesto que no.

El Apóstol Pablo señala en Gálatas 3:28 que, en virtud de la fe en Jesucristo, *"Ya no hay judío ni griego; no hay esclavo ni libre; no hay varón ni mujer; porque todos vosotros sois uno en Cristo Jesús"*. (RVR60).

Este primer punto considera, entonces, un asunto de igualdad en la aportación de la mujer a la dinámica de la iglesia. Se debe apreciar de igual forma a los obreros como a las obreras, a los pastores como a las pastoras, a los misioneros como a las misioneras.

Lo particular de esa aportación de la mujer es que, de alguna manera, dicha aportación es un tanto más refrescante. La mujer es un tanto más sentimental que el hombre, lo que me hace pensar que la aportación de la mujer en este aspecto contiene una articulación de la Palabra de Dios un tanto distinta a la de los hombres, pero igual de pertinente.

- La mujer ofrece otro punto de vista de la Escritura, mira desde otro ángulo la propuesta del texto.
- La mujer nos permite ver la Biblia desde otra perspectiva.
- La mujer aporta un sabor particular al alimento espiritual.

Por supuesto, al decir esto no quiero decir que la visión de la mujer sea contraria a la del hombre. No es lo mismo contraria que distinta. La aportación de la mujer no es en contra, sino diferente. Es variada. Es complementaria. Es para añadir. Es para sumar. Es para ampliar. Esa diferencia es, precisamente, lo que enriquece y complementa el ministerio de Dios hacia la iglesia.

En ese sentido, la mujer no debe procurar imitar al hombre en su manera ministerial, ni tampoco debe pensar que su aportación a la iglesia será válida solamente si se parece a la del hombre. Las mujeres no son hombres de Dios. Son mujeres de Dios, y ese es, precisamente, el contexto refrescante con el que todos debemos considerar su aportación. El agua sigue siendo agua, pero, ¡qué diferente sabe cuando nos la sirve una mujer! ¿No le parece?

Por tanto, el llamado de Dios a las mujeres apunta hacia la manera diferente en la que ellas aportarán a la vida de la iglesia. Las mujeres de la antigüedad no les pedían usualmente a los hombres que hicieran por ellas el trabajo de extraer agua del pozo. Ese era su trabajo. Lo hacían ellas. A su manera. Y será esa misma la manera en la que Dios las usará para bendecir la iglesia.

Mujer, no procures extraer el agua del pozo como lo haría el hombre. Extrae del pozo el agua de la manera en la que solamente tú sabes hacerlo. Esa es la manera de Dios para tu vida, y para la nuestra. Tienes la responsabilidad de aportar a la iglesia como lo que eres: Una mujer de Dios.

Veamos otra de esas aportaciones de la mujer a la dinámica de la iglesia.

2. Aportan el espejo al Tabernáculo.

Según Éxodo 38, luego de la construcción del altar para los holocaustos, se construyó un lavatorio para que los sacerdotes se lavaran al momento de entrar a ejercer su ministerio. Esta pila o recipiente estaba hecho *"de los espejos de las mujeres que velaban a la puerta del tabernáculo"*. (Éxodo 38:8). (RVR60).

Note usted lo interesante de esta aportación de la mujer. En aquel tiempo, los espejos no eran como los conocemos hoy. Antes los espejos no eran hechos de cristal con azogue. Antes los espejos eran hechos de bronce bruñido. Ahora bien, es interesante notar la manera en la que estas mujeres se desprendieron de sus espejos para que fueran utilizados en la construcción del Tabernáculo.

Sin importar lo útiles que estos espejos eran para ellas, estas mujeres entregaron sus espejos para que a los obreros no les faltase el bronce.

Desafortunadamente, en muchos lugares no se aprecia a la mujer en la congregación, ni se reconoce su sacrificio y entrega. Cuenta una tradición judía que el mismo Moisés no quiso aceptar los espejos que las mujeres les ofrecieron porque esos espejos habían sido utilizados para servir a la vanidad femenina.

Fue, entonces, que Dios le recordó a Moisés que las mujeres habían sido igualmente esclavas en Egipto, y sufrieron la amargura de ver a sus esposos e hijos esclavizados y maltratados por los egipcios. Ellas también habían pagado el precio. Los espejos, entonces, tenían la función de permitirles a las mujeres que se pudieran arreglar para alegrar a sus maridos. Entonces Moisés aceptó los espejos.

Son muchas las ocasiones en las que las mujeres hacen grandes sacrificios, y ofrecen lo mejor que tienen, para el servicio de la obra de Dios.

- Muchas de ellas sirven activamente en la iglesia, aun cuando tienen que atender a familiares encamados o con enfermedades o condiciones incapacitantes.

- Muchas otras sostienen económicamente los proyectos locales o misioneros de la iglesia, a pesar de que no trabajan ni devengan un salario.
- Muchas otras sirven al Señor con devoción y alegría, pero lo tienen que hacer ante la oposición y la lucha que significa tener un esposo inconverso o una familia inconversa.
- Muchas de ellas libran una lucha campal en el plano personal de sus vidas, y su único aliciente de paz y tranquilidad lo consiguen en la Casa de Dios.

Por estas y otras razones, debemos admirar y apreciar el sacrificio que nuestras mujeres hacen por sus congregaciones. Al igual que estas mujeres que aportaron sus espejos para la Casa de Dios, hoy también nuestras mujeres *"velan a la puerta del tabernáculo de reunión"*. (Éxodo 38:8). (RVR60).

Esos espejos de las mujeres representan la limpieza con la que todos debemos servir a Dios. Al espejo no podemos engañarlo. El espejo nos confronta. El espejo no miente. Revela la imagen que mostramos en nuestro servicio, y la verdadera intención de nuestras acciones.

El espejo de las mujeres en el templo nos hace un llamado a la transparencia, la pureza y la santidad que debemos mostrar en lo que somos y lo que hacemos.

El uso que se le dio a los espejos no pudo ser más apropiado. Representan el examen de conciencia y purificación que debemos tener en cuenta al momento de acercarnos a Dios para ejercer nuestro ministerio.

Además, observe que ese lavatorio no estaba en el altar del sacrificio, pues ese era un lugar en el Tabernáculo que estaba oculto para la mayoría del pueblo. El lavatorio que fue construido con los espejos de las mujeres estaba en el atrio del Tabernáculo, el cual estaba a la vista de todos, y al que todos podían tener acceso. He ahí la importancia de esta aportación de la mujer en la dinámica de la iglesia. La aportación de la mujer está a la vista de todos, por lo que también podemos decir que las mujeres impactan con su aportación la vida de todos. Su aportación, en ese sentido, es un emplazamiento a todos a vivir una vida de santidad, pureza y devoción a Dios.

Ahora bien, esa aportación de la mujer implica que ellas deben aportan de los mejor de sus talentos.

59

Muchas de ellas no aportan de esa manera a sus congregaciones porque no se les reconoce, o porque piensan que sus aportaciones a la iglesia no son significativas. Me parece, entonces, que este punto deja meridianamente claro que la mujer debe reconocer que su aportación a la iglesia es valiosísima, aun cuando no sean reconocidas como debieran. La mujer debe reconocer que, aunque ella crea, o le hagan creer, que su aportación a la iglesia no es importante, aun así deben hacerlo con interés y entusiasmo porque ese es su compromiso con el Dios de la iglesia.

Mujer, tus recursos y tus talentos son de gran estima para Dios y su pueblo. Es tiempo de que te desprendas de ellos, poniéndolos al servicio del Señor y sus hijos. Al final, será Dios mismo quien te recompense. Dios mismo hará cumplir en ti su Palabra cuando te diga: *"Bien, buen siervo y fiel; sobre poco has sido fiel, sobre mucho te pondré; entra en el gozo de tu señor".* (Mateo 25:21). (RVR60).

Desde luego, hay una aportación que es muy significativa, no solamente para la iglesia, sino para el mundo entero, y la misma es una en la que nadie puede sustituir a la mujer.

3. Cambian la historia con el fruto de sus vientres.

No hay duda de que los hombres ilustres que ha tenido el mundo a lo largo de la historia han provenido de las mujeres. Son ellas quienes los han traído al mundo. Ellas han sido el vehículo de la naturaleza para la existencia de estos hombres y mujeres entre nosotros.

El fruto de sus vientres ha producido los hombres y mujeres que han aportado a su vez a la formación de la historia, lo que quiere decir que son las mujeres las que, de manera circunstancial, influyen en el curso de la historia. Son las madres las que dan a luz a los grandes hombres y mujeres de la ciencia, la política, la religión y el deporte.

Ahora bien, esto tiene de por sí unas grandes implicaciones, porque, por cruel que esto pueda sonar, ha sido igualmente mediante el fruto del vientre de una mujer que los más nefastos delincuentes, criminales y tiranos también han existido entre nosotros.

¿Qué pudiera, entonces, establecer la diferencia entre un resultado u otro? ¿Qué implica esta realidad en términos de la portación de la mujer a la vida y a la iglesia con el fruto de su vientre?

Puesto que la mujer bendice o maldice la historia con el fruto de su vientre, es imperativo que la mujer cuide la calidad de ese fruto, a fin de que esa aportación sea valiosa a la sociedad. El fruto del vientre de la mujer dependerá en gran medida del cuidado que ella tenga y procure para ese fruto.

Desde luego, la mujer no es la única responsable de ese fruto.

- Una mujer embarazada se convierte en un emplazamiento para el hombre a cuidar igualmente de la calidad de la criatura que está por nacer.
- La mujer embarazada es un compromiso de continuidad de la raza humana para con la creación de Dios y para con el Dios de la creación.
- Una mujer embarazada es una esperanza de futuro. Tal y como lee una postal que me regaló mi hermana Yolanda al momento de nacer Jane Marie, mi hija mayor: Un bebé es la opinión de Dios de que el mundo debe seguir adelante.

En ese sentido, conviene que el fruto del vientre de una mujer se conciba desde las más estrictas y rigurosas normas de control de calidad.

No se deben traer hijos al mundo de cualquier manera, porque el futuro de la humanidad no debe construirse de cualquier manera. Por tanto, es necesario que la mujer cuide su vientre para que su fruto sea igualmente excelente.

El vientre de una mujer es un preciado tesoro que no debe menospreciarse, utilizándolo sin respeto, sin conciencia, de cualquier manera y, desde luego, entregándolo a cualquiera. He ahí la importancia de que los hijos nazcan dentro de un contexto de familia saludable. Recordemos también que la iglesia se compone de familias, por tanto, según sea el contexto de la familia, así será el contexto de la iglesia.

Damos gracias a Dios por las mujeres. Sin ellas, la vida sería miserable y sin color. Siendo así, la riqueza y el color de la vida está en las manos de las mujeres. Desde esa perspectiva, la mujer debe reflexionar en lo siguiente:

- ¿Qué color quiero para mi vida y las vidas que sean producto del fruto de mi vientre?
- ¿De qué manera voy a intervenir en la historia?

- ¿Cómo será la calidad del espejo que aportaré al Tabernáculo?
- ¿Cuál será el efecto en la iglesia del agua que extraeré del pozo? ¿Será refrescante? ¿Será dulce? ¿Cómo enriquecerá y complementará el ministerio de la iglesia?

Mujer, eres una gran bendición para la iglesia y el mundo. ¿Lo sabes? Es hora que sepas que eres tú quien extrae el agua del pozo, quien aporta el espejo de transparencia y realidad al Tabernáculo, y quien bendice la humanidad con el fruto de su vientre.

Hoy y siempre, gracias por tus aportaciones.

Hoy y siempre, por causa de tus aportaciones, cuídate.

Y que Dios te bendiga y te ayude, hoy y siempre...

INTERVENCIÓN EN LA HISTORIA
Observaciones prácticas sobre nuestro llamado.
Lectura: Lucas 1:26-38

Usualmente, cuando utilizamos este pasaje de Lucas 1, lo hacemos considerando los eventos de la Navidad. No obstante, esa no será la consideración con la que utilizaremos este pasaje para nuestra reflexión. Siempre he dicho que la Biblia, aunque relata eventos históricos, no tiene como propósito relatar o explicar la historia. La Biblia, más bien, nos relata la historia de la salvación. Nos narra qué sucedió para que el hombre necesitara salvación, y qué ha hecho Dios para ponerla a su alcance.

Además, el relato de la Biblia es una demostración indubitable de que Dios siempre ha intervenido en la historia del hombre.

Ahora bien, por lo general esa intervención de Dios en la historia del hombre se evidencia a través del mismo hombre.

- Los milagros que aún podemos presenciar en estos días muchas veces se manifiestan por medio de la oración y la disposición de un hombre, una mujer o una iglesia que decide actuar en fe.

- Dios respaldó la fe de sus profetas por medio de señales y prodigios, según registra la misma Palabra de Dios.
- Dios imparte la sabiduría y el conocimiento a los hombres y mujeres que producen los adelantos científicos, médicos y tecnológicos que hoy disfrutamos.

Podemos decir, entonces, sin temor a equivocarnos, que el hombre ha sido parte esencial de la historia de la humanidad y su transformación. Ahora bien, unas buenas preguntas que se me ocurren en este momento podrían ser:

- ¿Y con la historia de la salvación sucede lo mismo?
- Si Dios produce la historia de la salvación por medio de las Sagradas Escrituras y a la vez interviene en la historia humana, ¿será que ambas historias se relacionan?
- Si ambas historias se relacionan, ¿en qué consiste esa relación?

Debemos comenzar por afirmar que, en efecto, ambas historias se relacionan. La relación entre ambas historias consiste fundamentalmente en los dos protagonistas de ambas historias: Dios y los hombres.

Por tanto, si esto es cierto, podemos afirmar que, en términos prácticos, Dios interviene en la historia de la humanidad a través del mismo hombre, y Dios permite que el hombre intervenga junto con Él en la historia de la salvación. ¿Cómo?

Esto podemos afirmarlo propiamente pues Dios comisiona a Sus discípulos a predicar el evangelio del Reino a toda criatura. (Marcos 16:15). La Gran Comisión es, precisamente, esa puerta que Dios abre ampliamente para que el hombre tenga participación en la historia de la salvación.

Con esta introducción podemos dar inicio a un interesante análisis de lo que representa intervenir en la historia de la salvación. Para ello, hemos considerado uno de los más hermosos pasajes que la Biblia registra en ese sentido: El pasaje del anuncio a María del nacimiento de Jesús.

Debo decir que el pasaje no es solamente hermoso por su narrativa (la cual es impactante, sobrenatural y poderosa), sino por las profundas lecciones que encierra, en términos de lo que significa intervenir en la historia de la salvación, o lo que es igual, las características de nuestro llamado por parte de Dios a ser parte de Su plan para la humanidad.

1. Las limitaciones no son excusa para no obedecer.

Hemos escuchado muchos argumentos sobre el origen humilde de Jesús en la Tierra. Los argumentos surgen principalmente sobre detalles particulares que observamos en las Escrituras.

- Los Magos de Oriente fueron a buscar al Rey de los judíos a un palacio. (Mateo 2).
- La genealogía de Jesús no era, precisamente, una genealogía pura y santa. (Ver Mateo 1). (Algunos de los personajes mencionados tuvieron serios conflictos de todo tipo).
- La reputación de los nacidos en Nazaret no era la más admirable. (Juan 1:43-46).

En el caso de María, estamos hablando de una joven que, aunque virtuosa, no era de un linaje reconocido. María no era ni reina ni princesa. Ante los ojos del mundo, María no podía ser digna de ser la madre de un Rey. Sin embargo, a ella, una muchacha de origen humilde, fue la que Dios escogió. Ella misma lo reconoce, cuando en Lucas 1:48 alaba a Dios por no mirar su bajeza.

Nosotros, igualmente, podemos tener en nuestro linaje o nuestra historia cosas de las cuales pudiéramos sentirnos avergonzados.

No obstante, esta "sinceridad" o falsa modestia no debe convertirse en obstáculo para realizar la tarea que Dios nos encomiende. Mucho menos podemos usarlo como excusa para rechazar Su llamado. A usted puede ser que le importe, pero a Dios no le ha importado su bajeza. Dios quiere que usted intervenga en la historia de la salvación y forme parte de Su equipo de trabajo porque quien realmente tiene que ser grande no es usted. El Grande se llama Dios. Es para Él para quien usted trabaja. Lo importante no es que usted reconozca que usted es débil, sino que usted reconozca que Dios es Todopoderoso. Que **nada** hay imposible para Dios. (v.37).

2. Romper en frío.

Hay un importante detalle de esta historia que debemos considerar. El caso de María fue un caso único. No era, sin embargo, un caso que fuera desconocido para todos aquellos que esperaban al Mesías prometido. En Isaías 7:14 nos presenta detalles del advenimiento del Cristo que habría de venir. Veamos cómo dice ese pasaje:

"Por tanto, el Señor mismo os dará señal: He aquí que la virgen concebirá, y dará a luz un hijo, y llamará su nombre Emmanuel". (RVR60).

Todos sabían que el Salvador del mundo nacería de una virgen. Había una profecía al respecto. Lo que ciertamente nadie imaginaba, ni la misma María, era que esa virgen iba a ser ella.

Ciertamente todos sabemos que hay mucho trabajo en la viña del Señor. Nuestra intervención en la historia de la salvación es básicamente la de decirle a otros lo que Dios hizo con nosotros y acercar a los perdidos a Dios para que Él haga con ellos lo mismo que Él hizo con nosotros. Por tanto, la tarea que debemos realizar está, de alguna manera, definida. Lo que tal vez no esté claro en determinado momento es la forma, los mecanismos o los recursos para realizarla.

¿Qué significa esto? Significa que, aunque sabemos que tenemos algo que hacer, no siempre sabremos lo que tenemos que hacer o lo que nos tocará hacer en cierto momento. Estoy seguro que María era una sierva del Señor. No dudo que fuera una mujer que mantuviera una relación cercana con el Dios de Israel.

También estoy seguro que muchos de nosotros servimos al Señor entendiendo que hacemos lo mejor que podemos para agradarle.

Sucede que, al igual que a María, es muy posible que Dios nos encargue una tarea especial. Una tarea que tal vez otros hayan hecho, o una tarea que nunca nadie haya hecho. Lo importante es que, en todo caso, hemos sido escogidos para una tarea especial.

La enseñanza que nos presenta este pasaje en este aspecto tiene lo que yo llamo unas consideraciones encontradas:

- Aunque otros hayan hecho lo mismo, siempre puede haber una primera vez para nosotros, o...
- Es posible que Dios nos llame a hacer algo que nadie haya hecho antes, por tanto, no siempre tendremos a quien imitar en eso que nadie ha hecho antes.

El nacimiento de Jesús sería, ciertamente, un evento único y que nunca antes había ocurrido. Esto convierte el llamado de María en uno que nunca nadie había hecho. María no tenía, entonces, a quien imitar en ese aspecto.

Sin embargo, hubo un detalle que, aunque no se ve a simple vista, es un detalle que convertía la experiencia de María en una experiencia "no única".

Y este fue un detalle que el mismo Gabriel quiso que María captara, y que María, en efecto, captó.

3. Romper en frío no es reinventar la rueda.

Cuando el arcángel Gabriel anunció a María que sería la madre del Cristo prometido, también le anunció que su parienta Elisabet había tenido una experiencia similar. Lucas 1:36-37 nos dice lo siguiente:

"Y he aquí tu parienta Elisabet, ella también ha concebido hijo en su vejez; y este es el sexto mes para ella, la que llamaban estéril; porque nada hay imposible para Dios". (RVR60).

¿Cuál era la intención del ángel al darle a María un detalle como este? ¿Qué quería el ángel que María entendiera con esto? ¿Qué había detrás de esa información?

Dijimos que el caso de María era un caso único. Que no había ocurrido antes. Que María no tenía, en ese sentido, a nadie a quien imitar. Que tenía que romper en frío. Sin embargo, el anuncio del ángel vino acompañado de una información valiosísima.

El ángel le anuncia a María que su parienta había pasado por una experiencia similar. Elisabet no sería la escogida para ser la madre del Salvador, pero ya había pasado por la experiencia de recibir un llamado parecido. Por tanto, era una experiencia de la que María podía aprender.

Dijimos que no siempre tendremos a alguien a quien podamos imitar o a alguien que nos pueda dar una clave de lo que tenemos que hacer. Pero si hay alguien que haya pasado por una experiencia similar, lo más sabio que podemos hacer es aprender de su experiencia. Note que María entendió esta información como una instrucción de lo que debería hacer en ese momento. Lucas 1:39 nos indica que María se dirigió a la casa de Elisabet. Nos dice, además, que se dirigió *de prisa*. ¿Por qué cree usted que María se movió tan de prisa a visitar a su pariente? ¿Cuál era su apuro?

María entendió lo que el ángel quería que ella entendiera. Esta es una gran enseñanza para nosotros. Somos llamados a realizar una tarea importante para Alguien muy importante. Esa tarea puede ser una que nadie haya hecho o puede ser una que alguien haya hecho en el pasado, pero que ahora nos toca realizarla a nosotros.

En todo caso, debemos siempre reconocer que no dependemos únicamente de nuestras fuerzas o de nuestras habilidades. Siempre necesitaremos depender de Dios.

Ya sea que Dios nos provea las instrucciones por medio de Su Palabra, por medio de una revelación divina o por medio de la experiencia de otros, debemos recordar que quien nos suple lo que necesitamos es Dios. Recuerde que Dios siempre interviene en nuestra historia, y que para eso puede utilizar lo que Él quiera, incluso a nosotros mismos.

La enseñanza central en este punto es que debemos ser lo suficientemente humildes para reconocerlo. María decidió utilizar el recurso que Dios le proveyó en la experiencia de Elisabet para comenzar a hacer lo que tenía que hacer. Dios nos ha dado recursos para que también hagamos lo mismo. Yo no soy pastor únicamente por el llamado de Dios. Soy pastor porque, además del llamado, Dios puso a mi alcance recursos, el ejemplo y la experiencia de mi suegro, el Rev. Francisco Colón, y de otras personas que enriquecieron mi vida. Ese sería el caso de María con Elisabet. Ella lo entendió, y por eso se dispuso a aprender lo antes posible. Por eso fue que salió *de prisa*.

Ahora bien, sabemos que en el caso de María no todo fue color de rosa. Eso nos lleva a considerar otra importante enseñanza.

4. La obediencia tiene un costo.

El evangelio de Mateo menciona un detalle adicional sobre este acontecimiento. Mateo 1:18-25 nos presenta una complicación en este panorama. El hecho de que María hubiera aceptado el llamado del Señor la había expuesto, sin ella quererlo, a la crítica maliciosa de la gente.

El asunto era que, para todos los efectos prácticos, María quedaría embarazada sin haberse casado aún con José. Este hombre, por su parte, era un varón justo y piadoso, y no permitiría que María fuera dañada de ninguna manera. Sabemos por la narración de Mateo que Dios intervino una vez más en la historia y que finalmente el asunto se resolvió entre ellos felizmente.

Ciertamente nosotros, cuando decidimos obedecer y aceptar el llamado de Dios, también podemos vernos expuestos a las críticas de los demás. Podemos ser señalados como indignos, o como los menos apropiados para realizar nuestra tarea. Obedecer a Dios y aceptar Su voluntad en nosotros puede meternos en problemas.

Sin embargo, y a pesar de las críticas y los obstáculos que nos presenten, conviene que obedezcamos a Dios. Esta es, posiblemente, la enseñanza menos agradable de todas las que hemos mencionado, sin embargo, esta enseñanza encierra en sí misma otra enseñanza maravillosa.

5. La obediencia tiene sus recompensas.

Basta con que mencionemos que el cumplimiento de las promesas de Dios para su pueblo viene como recompensa por ser obedientes al Dios de las promesas. No obstante, y para efectos de nuestro análisis de este pasaje podemos mencionar las siguientes:

- La obediencia de María trajo como bendición que Cristo naciera como hombre para nuestra redención y salvación. En nuestro caso, al igual que en el caso de María, Cristo puede llegar a los hombres por medio de nosotros para que, igualmente, todos puedan ser salvos y redimidos por el poder del evangelio.
- Dios interviene en nuestra historia para que también podamos nosotros intervenir en la Suya.

- El obedecer a Dios y aceptar Su llamado nos convierte en cómplices de la historia de Dios. Como ya hemos mencionado, Dios ha permitido que la Gran Comisión sea nuestra participación en la historia de la salvación.

Desde luego, debemos mencionar que obedecer a Dios y aceptar Su llamado no puede hacerse de cualquier manera. El caso de María nos presenta una forma de hacerlo.

6. Debemos aceptar Su llamado con regocijo.

En Lucas 1:46-55, encontramos lo que todos conocemos como El Magníficat. Esta es una de las declaraciones de adoración más hermosas que jamás se hayan registrado en la historia. Pero, en adición, nos presenta la forma en la que debemos recibir el llamado de Dios. Lucas 1:46-47 nos dice:

"Entonces María dijo: Engrandece mi alma al Señor; y mi espíritu se regocija en Dios, mi Salvador". (RVR60).

María decidió obedecer a Dios y someterse a Su voluntad, pero lo hizo con regocijo. No se sometió por obligación ni a regañadientes. Lo hizo con alegría.

Su corazón estaba dispuesto a complacer al Dios Todopoderoso y maravilloso que la había escogido, a pesar de no considerarse digna, a pesar de ser una sierva insignificante y a pesar de su debilidad.

Someternos a Dios con alegría es bendición. No solamente porque Dios se glorifica en todo, porque Dios nos utiliza como instrumentos de Su gloria o porque Dios nos permite ser parte de la historia de la salvación. Someternos a Dios es bendición porque Sus promesas son para quienes le obedecen. Este me parece un gran resumen para nuestro análisis.

Pero nuestro análisis no estaría completo si no establecemos una realidad importante en este momento. Hoy Dios te está llamando a ti.

- ¿A qué te está llamando? A que intervengas en la historia.
- ¿Por qué te está llamando? Porque tú eres parte de Su historia.

¿Qué parte de la historia de Dios quieres escribir? ¿La historia del que rechazó Su llamado, o la historia de aquel que, como María dijo: "He aquí la sierva del Señor, hágase conmigo conforme a tu palabra"? (Lucas 1:38).

¿Quieres que Dios intervenga en tu historia? Intervén tú en Su historia. ¿Quieres hoy que Dios se meta contigo y con todo lo que tienes? Métete hoy con Dios, con todo lo que eres y con todo lo que tengas.

Dios te invita hoy a que intervengas en Su historia. Te aseguro que si lo haces, Dios también lo hará en la tuya...

JENNIFER Y RUT
Viviendo el propósito de Dios en tu vida.

Lectura: Rut 3:1-5

Escuchaba en un programa de televisión el testimonio de Jennifer Beckham, quien por mucho tiempo fue la mujer que personificaba a las princesas en el Reino Mágico de Walt Disney. Su vida era la vida de una auténtica princesa. Viajes, reconocimiento, magia y esplendor. Ella confiesa que sentía que había realizado su más hermoso sueño, pues haber sido escogida de entre tantas muchachas para este trabajo era una distinción única. Pero, muy pronto ese sueño de princesa comenzó a costarle muy caro.

Como parte de su trabajo, ella debía lucir una figura y un cutis impecable, por lo que pronto se vio sometida a un destructivo y adictivo consumo de medicamentos para dormir, medicamentos para mantenerse despierta, bulimia y otros desórdenes y trastornos alimentarios. Su vida, su verdadera vida, ya no era tan color de rosa.

Uno de esos días en los que sentía ser de todo, menos una princesa, se acercó a su jefe inmediato para decirle que no saldría al escenario, porque ella no sentía que debía hacerlo en esas condiciones.

Las palabras de su jefe sonaron frías y desconsideradas, pero luego ella narra cómo esas palabras transformaron su vida para siempre.

Su jefe le dijo: "¿Quién te dijo que debías sentirlo? Tú fuiste escogida para este trabajo. Así que ve, lávate la cara, asume otra actitud, ponte la ropa y sal a ser una princesa".

No mucho tiempo después, esta joven aceptó a Jesús como Salvador de su vida en una campaña del Dr. Billy Graham, renunció a ser la princesa de Walt Disney para convertirse en la esposa de un joven evangelista de este mismo ministerio, tuvo un par de hijos y, como ella misma termina diciendo, "viven felices para siempre".

Esta historia, así como la historia de Rut, tiene elementos que nos llevan a establecer cuál es el propósito de Dios en la vida de Sus hijos. Sus príncipes y princesas. Lo interesante es que ese propósito parece estar definido por un orden específico de conceptos.

Vamos a identificar esos conceptos, pero lo haremos partiendo de la vida y experiencia de estas dos mujeres: Jennifer y Rut.

1. La fe.

Si consideramos las palabras del jefe de Jennifer, la fe es un llamado a la acción, no a los sentimientos, lo que pudiera estarnos ofreciendo una interesante clave: La fe no está basada en sentimientos que están sujetos a nuestro control. La fe es, más bien, una acción ante una situación fuera de nuestro control, pero que transformará nuestros sentimientos.

En el caso de Rut, ella venía de vivir una experiencia fuera de su control, deseo o sentimiento. Su esposo había muerto. Además, estaba viviendo en ese momento unas experiencias de vida igualmente fuera de su control, deseo o sentimiento. Ella habitaba como extranjera en otra nación y había hambre en toda la región. Rut no podía depender de sus sentimientos, pues sus sentimientos no le servirían para cambiar su realidad. Ella no necesitaba sentir. Ella necesitaba actuar.

Ahora bien, ella no podía actuar en base a sentimientos, porque ella podía controlar sus sentimientos, pero no podía controlar sus circunstancias. Entonces, para ella comenzar a cambiar su realidad, necesitaba hacer lo que nunca había hecho, como nunca lo había sentido y como jamás lo hubiera imaginado, porque de esa manera ella comenzaría a ver lo que nunca había visto.

Eso se llama FE. Es ahí, en esa dinámica, que la fe es *"la certeza de las cosas que se esperan, y la demostración de lo que no se ve"*. (Hebreos 11:1).

Por lo general, el detonante de nuestra fe es un evento o situación fuera de nuestro control. Por tanto, el control de ese evento o situación no se producirá con nuestros sentimientos, pues los sentimientos no producen soluciones. El evento o situación lo podremos controlar si ponemos nuestra fe en acción.

Y si de fe se trata, debemos poner en acción nuestra fe en Dios, pues aunque nosotros no sepamos cómo controlar o resolver una situación, Dios tiene todo poder para hacerlo. Él sí puede controlar y resolver cualquier circunstancia de nuestra vida.

Desde luego, actuar en fe no es un ejercicio en el vacío. Tiene una razón de ser y responde a un propósito. La acción de fe está enmarcada en una relación de causa y efecto. Una relación entre la razón y el propósito.

2. La causa: Somos escogidos.

Jennifer pudo no haber sido escogida para ser una princesa de Disney. En ese sentido, no sabríamos cuál hubiera sido la trayectoria de su vida. Sin embargo, ella decidió hacer algo diferente. Ella audicionó para la posición. Es por eso que hoy conocemos su historia.

De igual manera, en la historia de Rut se menciona a otra mujer, Orfa, como la nuera de Noemí que decidió regresar a su tierra de Moab. Eso es, precisamente, lo único que conocemos de ella.

Rut, en su caso, hizo lo mismo que Jennifer. Ella se expuso a la historia. Ella se lanzó al cambio. Esto me hace pensar y considerar que aún cuando Jennifer y Rut fueron escogidas, ellas tuvieron que querer ser escogidas.

La Palabra de Dios también sostiene esta aseveración:

- Mateo 11:12 – *"El reino de los cielos sufre violencia, y los violentos lo arrebatan"*.
- Marcos 5:27 – La mujer del flujo de sangre. Vino por detrás entre la multitud y tocó el manto de Jesús.

85

- Seguramente tuvo que abrirse paso entre la multitud, lo cual no debió ser fácil.

Dios es quien nos escoge. Jesús les dijo a sus discípulos: *"No me elegisteis vosotros a mí, sino que yo os elegí a vosotros..."*. (Juan 15:16). Pero, ser escogido también es parte de nuestra voluntad. Nosotros debemos querer que Dios nos escoja.

Ahora bien, una vez escogidos, nuestra voluntad debe someterse a Aquel que nos escogió. Estar dispuestos a ser escogidos por Dios implica que estamos dispuestos a dejarnos escoger por Dios, y a someternos a lo que Dios escoja para nosotros, lo que me lleva a considerar lo siguiente:

- Ser escogidos por Dios responde a Su propósito.

Es lógico pensar que quien escoge algo o a alguien lo hace con un propósito en mente. Escoger es parte de un plan. Tiene una razón de ser. Cuando vemos los casos de Jennifer y Rut podemos concluir que, ciertamente, hubo un propósito de Dios para ambas mujeres. Dios cumplió Su propósito en ellas.

Por supuesto que, desde este lado de la historia, es muy fácil decirlo, porque ahora nosotros conocemos cómo esas historias terminaron. Sin embargo, esto debe, más bien, llevarnos a pensar que Dios sabía lo que estaba haciendo.

Lo que usualmente ocurre es que surge resistencia a los cambios. Usualmente nos resistimos a cambiar, a perder, a dejar, a soltar, a ceder. Sin embargo, lo que realmente ocurre detrás de esta resistencia es que se descubren 2 cosas:

- Cuando resistimos los cambios usualmente nos encontramos luchando por controlar algo de lo que realmente no tenemos control.
- Cuando resistimos los cambios usualmente estamos implicando que no confiamos en el Dios que nos escogió.

Recuerde que si usted ha sido escogido por Dios, ya su voluntad no es la fuerza dominante. Ahora domina Dios y Su voluntad. Es por eso que ahora no actuamos por nuestra cuenta, sino que actuamos por la fe. Actuar en fe, entonces, significa que, aunque no sepamos o entendamos lo que Dios está haciendo, confiamos en que Él hará lo mejor para nosotros.

Confiamos en que Su propósito se cumplirá en nosotros para nuestro bien.

La fe nos permite soltar, dejar y ceder en las manos de Dios todo aquello que, de todas formas, no está en nuestro control. Dios, entonces, hará Su parte para que Su propósito se cumpla en nosotros. Nuestra parte en ese propósito es confiar en la sabiduría de Dios al escogernos para ese propósito. Esto, a pesar de las circunstancias, pero también a pesar de ti mismo.

Tal vez tú piensas que no puedes, que no eres el indicado o que la tarea requiere mucho más de lo que tú puedes ofrecer. Sin embargo, y a pesar de todo esto, no debes olvidar que Dios te escogió. No estás en esa situación en particular por pura casualidad. Dios sabe dónde tú estás y lo que puedes hacer. La pregunta es: ¿Sabes tú dónde está Dios? ¿Crees que Dios se equivocó al escogerte? ¿Sabes tú todo lo que Dios puede hacer?

No te descalifiques por lo que tú pienses, por lo que tú sientas, por lo que esté pasando o por lo que otros digan. TU ERES ESCOGIDA. Para eso, necesitas trabajar en otro importante concepto que consideraremos a continuación.

3. Actitud.

Dijimos que muchas veces asumimos una actitud incorrecta ante las situaciones de la vida, y que por causa de nuestra actitud, muchas veces estamos luchando por controlar lo que está fuera de nuestro control. Además, dijimos que con nuestra actitud muchas veces estamos cuestionando la sabiduría de Dios al escogernos para Sus propósitos.

Si yo le preguntara a usted acerca de esto, usted seguramente me dirá que todo tiene que ver con las situaciones y la actitud que asumimos ante ellas. Siendo así, hablemos con sinceridad y franqueza. Esa situación de la vida por la que hoy usted atraviesa, ¿la puede controlar? Entonces, si usted realmente puede controlar esa situación, ¿qué hace pidiendo ayuda? ¿Qué espera para corregirla, evitarla o para tomar control sobre ella? Someta esa situación a su voluntad.

Pero, si la situación está fuera de su control, o simplemente usted quiere someterla a la voluntad de Dios, entonces someta su situación y su voluntad, ambas cosas, al propósito de Dios para su vida.

Jennifer tuvo que sacudirse de sus sentimientos. Tuvo que lavarse la cara y asumir una nueva actitud para poder salir a trabajar. Rut tuvo que someter su voluntad a las instrucciones de su suegra, pues ella conocía lo que estaba haciendo. En una ocasión, a la Reina Ester le advirtieron que, si no asumía su responsabilidad y hacía algo a favor del pueblo judío, *"respiro y liberación vendrá de otra parte"*, (Ester 4:14), pero ella moriría igualmente.

En ocasiones no tendremos oportunidad de elegir. Muchas veces nos toca "estar quietos", pero en otras ocasiones nos tocará hacer lo que nos corresponde hacer, queramos o no. Sea cual sea la situación particular, ya está ahí. Pero, usted también está ahí. Usted no está ahí por casualidad. Usted ha sido escogido. A la Reina Ester le dijeron en ese mismo pasaje: *"Y quién sabe si para esta hora has llegado al reino"*. (Ester 4:14).

Si has sido escogido en el propósito de Dios, estás justamente donde Dios lo había planeado. Por tanto, si has comprendido esta verdad, si ciertamente puedes reconocer que, a pesar de las circunstancias has sido escogido para el propósito de Dios en esta hora, debes comenzar a asumir una nueva actitud.

Ya basta de lamentaciones, quejas o dudas. El propósito de Dios para tu vida no está en lo que antes fuiste, en lo que perdiste, en lo que quedó atrás o en lo que los demás piensen o digan. El propósito de Dios está en lo que eres hoy para Dios. Él te escogió, a pesar de todo y por encima de todo.

Tu actitud no debe estar dirigida por tu pasado. Tu actitud debe ser una actitud de futuro. El propósito de Dios para tu vida está en lo que eres hoy en Sus manos, y está en lo que Dios ha declarado para ti. En lo que Dios dijo que serás. Recuerda: Eres escogida. Escogida para ser. Escogida para hacer. Escogida para un propósito que está adelante, y si está adelante, debes caminar hacia adelante, hacia el futuro, hacia la meta.

Jennifer tenía un propósito que cumplir. Rut tenía un propósito que alcanzar. Pero, para eso era necesario asumir la actitud correcta, lavarse la cara, enterrar su pasado, vestir los vestidos adecuados, ponerse los zapatos que les correspondían y salir adelante. Sólo así llegarían a la meta. Sólo así alcanzarían el propósito.

Ése es, precisamente, nuestro último concepto.

4. Propósito.

En el caso de Rut, el propósito estaba definido desde el mismo principio del pasaje. Rut 3:1 dice claramente que el propósito para la vida de Rut era buscar hogar para que le fuera bien. Por otro lado, en el caso de Jennifer el propósito también estaba definido desde el principio. Ella fue escogida para ser princesa.

Dios también hace lo mismo con nosotros. Él ha definido su propósito para nosotros desde el mismo momento en el que nos escogió. Siempre lo ha hecho de la misma manera.

- Abraham sería el padre de una gran nación.
- Pedro sería pescador de hombres.
- Nosotros seremos herederos de Dios y coherederos con Cristo. (Romanos 8:17).

Dios nos ha escogido para un propósito bueno, agradable y perfecto. Así es la voluntad de Dios. (Romanos 12:2).

¿Te ha escogido Dios? ¿Te has dejado escoger por Dios? Entonces debemos someter nuestra voluntad a Su voluntad, debemos tener fe en Él y asumir la actitud correcta, pues tenemos un rol de príncipes y princesas que debemos alcanzar.

Es momento de ir tras nuestro objetivo. Dejemos atrás lo que ciertamente ha quedado atrás y extendámonos hacia lo que está delante. Prosigamos a la meta, al premio del supremo llamamiento de Dios en Cristo Jesús. (Filipenses 3:13-14).

Vayamos tras Jesús a cumplir nuestro propósito en Dios.

Rut ya lo hizo. Jennifer va de camino.

Nosotros también iremos...

JOCABED Y MARIA
El amor que nunca nos deja.
Lecturas: Isaías 66:13, Éxodo 2, Juan 19:25

Siempre se ha dicho que el amor de madre es el amor más parecido al amor de Dios. La comparación pretende dar honor al amor sacrificado, ilimitado e incomparable de las madres. Sin duda, nada es tan especial como el amor maternal. El amor de madre evoca grandes emociones, ha inspirado los más nobles sentimientos y ha sido capaz de producir hermosas historias de valor, entrega y sacrificio.

- Cuentan de una madre que fue capaz de subir una montaña para rescatar a su hijo, aún cuando esa montaña era muy difícil de escalar por expertos alpinistas.
- Otra madre fue capaz de levantar un auto, sólo para sacar a su pequeño que había quedado atrapado debajo del mismo.
- Otra madre batalló con un cocodrilo para librar a su hijo de morir devorado.

Las historias son interminables, y cada una más extraordinaria que la otra. Por eso, en esta oportunidad yo quiero aprovechar esa comparación que hace la gente del amor de madre con el amor de Dios para obtener unas comparaciones aún más reales.

Y digo comparaciones más reales porque ciertamente el amor de madre, por más maravilloso y extraordinario que sea, es solamente un recordatorio del amor más sublime, sacrificado, glorioso, y divino que jamás haya existido: El amor de Dios. Un amor sin igual, maravilloso, sublime y, aunque mucha gente no lo reconozca, un amor muy cierto y muy real.

Desde luego, son tantas las enseñanzas que pudiéramos identificar que no tendríamos manera de explicarlas todas. Así que, por esta vez, me limitaré solamente a contar 2 historias que encierran algunas de esas características de ese amor de madre que se compara con el amor de Dios. Son dos historias que nos presentan el amor de Dios, pero cada una de ellas es muy diferente a la otra.

1. Jocabed

Jocabed fue una mujer israelita que, desde que estaba embarazada, ya luchaba con una amenaza de muerte para su pequeño. El Faraón había dado la orden de matar a todo hijo varón que naciera del pueblo hebreo.

Cuando la criatura nació, llenó de alegría a la familia, pues dice la Biblia que este niño era hermoso.

Pero, juntamente con la alegría, los más grandes temores de esta mujer se hicieron realidad. El niño había nacido varón. Tenía sobre él una sentencia de muerte. Debía morir.

Pero esta mujer no estaba resignada a esa situación. Estaba resuelta a cambiar la historia de su hijo. Ella no permitiría que su hijo muriera. Por tanto, en contra de todo designio legal, esta mujer buscó la manera de garantizar la vida de su hijo. Preparó una canasta de forma especial para que no se hundiera en las aguas y colocó a su pequeño en el río. El niño flotó hasta el lugar donde la hija del Faraón había llegado para lavarse. El niño fue tomado de las aguas y se le dio a criar a la misma mujer que lo había puesto sobre las aguas.

La historia todos la conocemos. Esta fue la historia de Moisés, el gran libertador de los hebreos. También conocemos esta historia como una de provisión de Dios, una historia de propósito y de libertad. Pero, ¿qué otra lección nos enseña esta historia? ¿Qué representa Jocabed como madre de Moisés?

Jocabed es esa madre que a su vez simboliza lo que cada madre sabe acerca del eterno amor que nunca muere.

- Un amor que no renuncia ante cualquier circunstancia.
- Un amor que no acepta lo inevitable.
- Un amor que siempre encuentra una salida.

Jocabed representa ese amor, así como el amor de Dios, sin límites. Un amor que, al igual que el amor de Dios, nos cubre y nos protege de las amenazas que nos acechan. Un amor que nunca renuncia. Un amor que nunca declara muerte, sino vida. Un amor que no se detendrá hasta que encuentre la manera de liberar a su hijo.

El amor de Dios es ese amor que nunca nos hace sentir abandonados. Es ese amor que siempre estará disponible y dispuesto para ayudarnos cuando estamos desamparados, cuando estamos amenazados y cuando estamos indefensos.

A propósito, Jocabed es el primer nombre en la Biblia que se vincula directamente con Jehová. Jocabed es una palabra compuesta que significa "la gloria de Jehová". Es esa gloria de Dios la que se derrama sobre nosotros en forma de amor. Cuando Dios nos ama, está literalmente derramando Su gloria sobre nosotros. Así amó Jocabed a Moisés. Así Dios nos ama a nosotros.

2. María

Todos conocemos la historia de María, la madre de Jesús. Seguramente una de las historias de dicha y regocijo más extraordinarias jamás contada. Un anuncio celestial y una concepción única, espiritual y sobrenatural. Ciertamente como ninguna. Y no era para menos. María fue escogida para ser la madre del Hijo de Dios, el Salvador del Mundo.

Pero el caso de María es un caso dramáticamente diferente al caso de Jocabed. Dramáticamente diferente porque en este caso el niño no se salvó de una muerte horrible y desgarradora. En este caso no hubo provisión divina para el hijo. En este caso el hijo era, precisamente, la provisión divina.

Juan 19 narra desde los azotes que recibió Jesús hasta el momento en que finalmente es sepultado después de muerto en la cruz. Juan 19 es el capítulo de la Biblia que ninguna madre quisiera experimentar. Sin embargo, Juan 19 es el más oscuro y cruel capítulo de la Biblia que le tocó presenciar a María. Su hijo, a quien tanto amó, que fue tan bueno con ella, ahora estaba indefenso ante las injusticias del pueblo.

Su hijo, al igual que Moisés, estaba indefenso, desprotegido, en peligro.

¿Durmió María esa noche? Estoy seguro que no. ¿Se fue a descansar un momento para regresar en la mañana? No lo creo. No había tiempo para eso. Mi esposa Carmencita dice que las veces que nuestra hija ha estado hospitalizada, ella también lo ha estado.

- Jesús estaba siendo abofeteado. María también.
- Jesús estaba siendo vituperado. María también.
- Jesús estaba golpeado y sangrando. ¡María también!
- ¿Qué impulsaba y sostenía a esta mujer? ¿Cómo podía resistir una escena como esa? ¡Era su hijo, por Dios!!!

El amor de María la madre de Jesús nos enseña una lección muy profunda. Aún cuando ella estaba viendo sangrar a su muchacho, lo veía morir siendo rechazado por los hombres, ella no estaba huyendo como los discípulos. Tal vez se estaba desmayando de dolor, tenía hambre y seguramente recibió algunos golpes y empujones de la gente. Pero ella nunca se apartó de su hijo.

María representa ese amor de Dios que no nos abandona, aún cuando estamos golpeados por los problemas, el pecado o las circunstancias de la vida. Representa ese amor de Dios que te sigue y te acompaña, aún cuando todos te dejan solo. El amor de Dios siempre estará presente, aún cuando todos te abandonen o te rechacen. El amor de Dios es el que no descansará ni se alejará. Es el amor que nos acompaña hasta el fango. Hasta la sangre. Hasta el suelo.

Dice Juan 19:25 que María permaneció junto a la cruz de Jesús. Me parece ver a María diciendo a Jesús: "Mírame hijo, yo estoy aquí. Yo no me iré. Yo te acompaño". El amor de María es ese amor de Dios que nos hace saber que Él está aquí, que Él no se ha ido y que Él nunca se irá.

El amor de madre de María también nos enseña algo muy interesante. El amor de Dios explica lo inexplicable. El entendimiento limitado de María seguramente no servía para explicar la cruz de Jesús. Estoy seguro que ella no estaba emocionada en ese momento por la salvación del mundo. Lo único que ella veía era a su hijo colgado como un ladrón entre dos ladrones. Su hijo era en ese momento objeto de injusticia, burla, asco, odio, vergüenza y rechazo.

Nadie podía explicarle lo que veía. Nadie se hubiera atrevido a hacerlo. María fue otra que, seguramente, no entendió el por qué de lo que estaba ocurriendo. Pero, aún sin entender, su amor la hizo permanecer al lado de su hijo. Permaneció a pesar de todo. Permaneció hasta el final.

Así también es el amor de Dios. Dios es el amor que ama sin explicación. Un amor que no se explica, pero es un amor que permanece. Un amor que se duele, pero de todas formas se queda a tu lado. Un amor que te recibe, aunque todos te rechacen. Un amor que te recibe, aún cuando nosotros mismos lo rechacemos.

El amor de Dios es un amor que nos cuida y nos protege. Es un amor que siempre buscará la forma de guardarnos del dolor y la angustia, pero es un amor que nos acompañará y sufrirá con nosotros aún cuando ese dolor y esa angustia sean inevitables.

- El amor de Dios estará a nuestro lado en lo posible y en lo imposible.
- En lo remediable y en lo irremediable.
- En lo que pueda pasar y en todo lo que pase.
- Cuando hay salida y cuando no la haya.

No importa lo que suceda, el amor de Dios se convertirá en Su gloria manifestada en nosotros.

En el caso de Moisés, Dios produjo salvación y liberación para todo un pueblo. En el caso de Jesús, Dios produjo salvación y liberación para todo el mundo. En ambos casos hubo amor de madre. En ambos casos hubo amor de Dios. Moisés vivió por un propósito de gloria. Jesús murió y resucitó, igualmente por un propósito de gloria.

El amor de madre es un pequeño ejemplo del inmenso amor de Dios. La pregunta es: Si nosotros no rechazamos el amor de nuestra madre, ¿por qué rechazamos el amor de Dios?

Nuestras madres esperan de nosotros, igualmente, nuestro amor. Dios también espera de nosotros lo mismo.

Isaías 66:13 nos dice que Dios nos consuela igual que una madre. ¿Quieres tú el consuelo de Dios…?

LA AUTORA DE HEBREOS
La contribución de la mujer al canon bíblico.

Lecturas: Hechos 18:3, 18 y 26, Romanos 16:3

Desde que se afirmó teológicamente que no hay una seguridad absoluta de que el Apóstol Pablo haya sido el autor de la Carta a los Hebreos, muchas han sido las especulaciones sobre quién escribió esta epístola. Los nombres de Pablo, Apolos, Bernabé, Lucas, Felipe y Silas son los más mencionados. También se menciona a Clemente de Alejandría, maestro de Orígenes y autor a su vez de varios escritos dirigidos a la comunidad gentil.

No obstante, entre los nombres de los posibles autores de esta carta también figura el de una mujer. Una mujer destacadísima en el quehacer ministerial de los tiempos de Pablo, y quien fuera una fiel colaboradora del llamado Apóstol de los Gentiles. Su nombre es Priscila.

Priscila era la esposa de Aquila, un judío natural de la región del Ponto, provincia al noreste de Asia Menor, en tierras que hoy le pertenecen a Turquía.

Ambos se encontraban en Italia, pero salieron apresuradamente de allí hasta Corinto, pues el emperador Claudio había expulsado a los judíos de Roma.

Ahora bien, resulta interesante notar que siempre que se hace mención de este matrimonio, el nombre de Priscila aparece primero que el de su esposo Aquila. (Véase Hechos 18:18, 26 y Romanos 16:3). ¿Por qué en una sociedad de hombres se destaca el nombre de la mujer antes que el del hombre?

Muchos entienden, y le adjudican este hecho a que Priscila parecía estar más preparada y empapada de la doctrina de Pablo, y era más activa ministerialmente que su esposo. No obstante, algunos también sugieren que, aunque ésta fuera la realidad, Aquila aparecía como el pastor de la iglesia que estaba en su casa. (1 Corintios 16:19). De hecho, este pasaje de 1 Corintios 16:19 es el único que menciona el nombre de Aquila primero que el de su esposa Priscila.

De todos modos, la indiscutible presencia ministerial de Priscila había obtenido un destacado reconocimiento para Pablo, y entre la comunidad gentil cristiana. El hecho de que su nombre se menciona **primero** que el de su esposo puede ser indicativo de su prominente influencia ministerial en la iglesia de entonces.

Otra gran mujer, Febe, la llamada diaconisa y líder en la iglesia de Cencreas, también se menciona como mujer destacada en el ministerio. Es recomendada por Pablo a los romanos como colaboradora y ayudadora de su ministerio. (Romanos 16:1-2).

No cabe duda, desde esta perspectiva ministerial, que Priscila cuenta con ciertos atributos por los cuales podemos sugerir que esta extraordinaria mujer haya podido ser, en efecto, la autora de la Carta a los Hebreos.

A continuación les presento una apreciación muy personal que me permite hacer esta atrevida sugerencia. La misma está fundamentada en elementos históricos, teológicos y circunstanciales que me llevan a esta conclusión.

No pretendo que sea la gran verdad teológica que resuelva el dilema de la autoría de esta carta, pero al menos, contiene asuntos que deben ser dignos de consideración, y que a su vez permitan la discusión y la investigación teológica seria para el esclarecimiento de este misterio.

¿No resultaría interesante y maravilloso que una mujer, Priscila, fuera en efecto la Autora de la Carta a los Hebreos?

Aquí les presento algunas razones por las que pienso que esta idea no es del todo descabellada, y que pudiera ser una hermosa realidad:

- La carta a los Hebreos es escrita entre los años 64 al 70 D.C. en un lugar no determinado. El tiempo de la carta, según los estudiosos del tema, coincide con el tiempo en el que Priscila y Aquila estaban en Corinto.

- Para ese mismo tiempo, Pablo se encontraba en una prisión romana. En ese mismo tiempo se registra la escritura de 2 Timoteo, y todos coinciden en que Pablo estaba preso al momento de escribir esta carta. Lo interesante es que la carta a los Hebreos indica que Timoteo había sido liberado para ese mismo tiempo, y que si llegaba pronto al lugar de donde se escribe la carta a los Hebreos, AMBOS, Timoteo y el autor o autora de esta carta, irían pronto a verlos. (Hebreos 13:23). Esto indica que, al menos, quien escribe la carta a los Hebreos no estaba preso o presa, por lo que se sugiere que no pudo haber sido el Apóstol Pablo.

- La carta no pudo haber sido escrita en Roma, pues aunque se indica en Hebreos 13:24 que "los de Italia os saludan", se cree que el saludo es de parte de unos hermanos que estuvieron en Italia (Priscila y Aquila), y envían saludos a esta congregación de creyentes hebreos quienes posiblemente estaban en Roma. A tales efectos, y según sugiere Hechos 19:1, Apolos, otro de los posibles autores de Hebreos, todavía permanecía en Corinto, lugar donde también estaban Priscila y Aquila. Se cree que Corinto fue el lugar de origen de la carta.

- Se comprende que la carta fue escrita por alguien perteneciente a la segunda generación de cristianos. (Hebreos 2:3). Priscila y Aquila pertenecieron a esa generación de creyentes.

- Por el lenguaje y forma de interpretar los conceptos, el autor de Hebreos debió ser una persona judeocristiana, con orientación cultural mayormente griega, y que conociera bien el idioma. (Aquila era judío, pero natural del Ponto, una provincia romana al noreste de Asia Menor. Priscila y Aquila recién habían llegado a Corinto desde Roma. – Hechos 18:2). La descripción concuerda con la de Priscila y Aquila.

- Aunque el estilo y pensamiento concuerda con la teología de Pablo, el autor utiliza enfoques y conceptos propios o diferentes a los que un hombre utilizaría. De todas maneras, se desprende que la persona que escribió la carta a los Hebreos conocía a Pablo lo suficiente como para "copiar" su estilo. Hemos mencionado que Priscila conocía mejor la doctrina de Pablo que su esposo Aquila.

- Hebreos presenta la ley desde un aspecto cultural, tal y como lo hace la revelación de la salvación en el Nuevo Testamento, esto es, de una forma básica y simple. Sin profundidad o demostración de estudios teológicos profundos. (Propio de la limitación educativa de las mujeres).

- Pablo no sostiene que sea imposible que el hombre que peca puede volver a arrepentirse. Hebreos, por el contrario, lo afirma abiertamente. (Ver Hebreos 6:4, 10:26, 12:17). Esta posición del autor (o la autora) de Hebreos se aparta de la enseñanza de los primeros apóstoles, lo que demuestra que quien escribe Hebreos no es de esa primera generación de cristianos ni es de estirpe apostólica o tal vez judía. (Priscila y Aquila coinciden con esta descripción).

- La carta no menciona el nombre de su escritor, lo que puede explicarse como una posibilidad más fuerte de que haya sido una mujer quien escribió. Culturalmente no era aceptado el que una mujer publicara algún escrito.

- El autor parece pedir disculpas por la torpeza y rudeza de sus exhortaciones en lo que entiende es un escrito breve, (Hebreos 13:22), dando a entender que quiso abarcar mucho en poco tiempo. Ambos detalles no son característicos de Pablo, pero sí de alguien que quiso escribir o copiar todo lo que pudo, dada la posible circunstancia de que no hubiera mucho tiempo para hacerlo. Hechos 18 da a entender que el tiempo que Priscila y Aquila tuvieron para instruir a Apolos en *"el camino de Dios"* fue un tiempo breve, tal vez algunos días. Por otro lado, Hechos 18:27 da a entender que Apolos tenía apuro en pasar a Acaya, lo que también acortaría el tiempo para esta instrucción.

Ciertamente, me parece muy interesante considerar que haya sido Priscila quien escribiera esta carta, porque establecería la integración y la participación activa de la mujer en los ministerios de la iglesia. Siendo así, Hebreos se convierte, para mí, en la exposición de la teología de la salvación desde la perspectiva de la mujer.

Ahora bien, nos parece que todo esto surge en el contexto de una capacitación intensiva por parte de Priscila y Aquila que recibe un joven judío llamado Apolos, natural de Alejandría. (Hechos 18:24). Esto implica que en el escenario de la posible autoría de esta carta está este joven predicador. ¿Cómo interviene Apolos en la historia y posible autoría de esta carta? Consideremos los siguientes datos:

- El encuentro entre Priscilla y Aquila con Apolos ocurre en Éfeso. (Hechos 18:24-26). No obstante, según indica Hechos 18:26, Priscila y Aquila *"le tomaron aparte"*, lo que pudiera sugerir o indicar que este matrimonio le llevaron consigo a Corinto.

- Apolos llega predicando con denuedo en la sinagoga, pero su mensaje carecía del enfoque del evangelio de Jesucristo, pues el texto indica que *"solamente conocía el bautismo de Juan"*. (Hechos 18:25). Priscila y Aquila, entonces, le toman aparte para instruirlo en un enfoque amplio del *"camino de Dios"*. (Hechos 18:26). De acuerdo a varios comentaristas bíblicos, la carta a los Hebreos conecta la figura de Cristo como el cumplimiento del Antiguo Pacto y como el establecimiento de un mejor pacto. (Hebreos 7:22 y 8:6-13).

Esta era la doctrina que Priscila y Aquila habían conocido de parte de Pablo, y la que seguramente compartieron con Apolos.

- Este enfoque predominante de la carta a los Hebreos es la instrucción impartida por Priscila y Aquila a Apolos. No es sino después de esta instrucción recibida de parte de Priscila y Aquila que Apolos puede llegar a Acaya (Hebreos 18:28) y debatir con los judíos acerca de que Jesús era el Cristo, lo que evidencia que había sido expuesto a un nuevo y mejor conocimiento.

- El autor mismo califica esta epístola como una *"palabra de exhortación"* (Hebreos 13:22), lo que hace pensar que este documento pudiera ser un sermón extenso, (característico de Apolos), una compilación de varios sermones, o el resultado de una reflexión de varios días sobre las verdades de la Escritura entonces conocida, pero actualizada a la luz de las nuevas verdades del evangelio. En este sentido, la contribución de Priscila y Aquila fue determinante, pues fueron ellos quienes tomaron a Apolos y lo actualizaron en esta verdad.

Para muchos, Apolos pudiera ser la "cara" de Hebreos, pues su atribución autoral hubiera sido más aceptada culturalmente.

No obstante, ante la falta de dicha atribución, solo queda especular al respecto. En lo que no hay duda es que, de una forma u otra, Priscila pudiera ser, al menos, la autora intelectual de la Carta a los Hebreos, y Apolos su discípulo en este "curso intensivo" del evangelio.

¿Será Priscila la autora de Hebreos? ¡Pudiera ser! ¿Por qué no? ¿Qué tal si sí?

¿Puede una mujer escribir acerca de las verdades del evangelio de Jesucristo? ¡Por supuesto que sí! Hoy son muchas las autoras de libros magníficos y muy inspiradores.

Priscila pudo haber escrito la Carta a los Hebreos. Pudo haberla inspirado. Priscila puede ser la Autora de Hebreos.

Me gusta la idea. Incluso, me emociona...

RECLAMANDO LA HERENCIA
Este es el momento preciso, puntual y único.

Lecturas: Números 27:1-11, Josué 17:3-4

Las ideas distorsionadas de muchos hombres en torno a la mujer han pisoteado el sitio de honor y de honra que Jesús le dio a la mujer en su ministerio. Jesús estuvo libre de prejuicios en contra de la mujer, y trató en varios momentos con mujeres de forma particular, amorosa y compasiva.

- María, la hermana de Lázaro y Marta, se sentó a Sus pies.
- Una mujer pecadora ungió Sus pies (se dejó tocar por una mujer considerada inmunda).
- Una mujer samaritana conoció a Jesús en un pozo y se convirtió en misionera.
- Una mujer sorprendida en adulterio fue arrojada a Sus pies y Él la perdonó.

Jesús derribó los parámetros de injusticia y les mostró a un grupo de religiosos hipócritas cómo su opresión hacia la mujer causaba dolor al corazón del Padre.

En el pasaje que hemos considerado nos remontamos a miles de años antes de Jesús.

Se nos presenta el caso de cinco mujeres que, ceñidas de poder, cambiaron las ideas de su época respecto a la mujer. Se les conoce como las hijas de Zelofehad.

La sociedad en la que nacieron y crecieron estas mujeres era totalmente patriarcal, o sea, dirigida por hombres. Desde luego, esta no fue la intención de Dios cuando creó a Adán y Eva, pero el pecado corrompió todo. Desde entonces, las mujeres se consideraban como algo un poco más que una propiedad. A los padres se les debía pagar dotes, como quien compra un objeto. Los más extremistas las veían como ignorantes y repulsivamente malvadas e inmorales. Eran sirvientas inferiores, se esperaba que llevaran velo, no se les permitía hablar con hombres en público, no eran dignas de aprender, por lo que no se les educaba formalmente.

En esa cultura limitante y supresora en contra de la mujer, cinco mujeres valientes, atrevidas y decididas se atrevieron a hacer algo sin precedente. Si vamos a la historia y a la costumbre social de la época, los únicos a quiénes se les otorgaba exclusivamente el derecho de heredar era a los varones. Esta realidad, de por sí, planteaba un serio problema a estas mujeres, porque su padre Zelofehad sólo tuvo niñas.

Por otro lado, estas eran niñas muy particulares, a juzgar por el significado de sus nombres, a lo cual se le daba mucha importancia, y era muy observado y considerado en el pueblo en el trato con las personas.

- Maala significa "enfermedad o dolencia", lo que pudiera dar a entender que desde su nacimiento esta mujer fue siempre debilucha, enfermiza y angustiada.
- Noa, por su parte, significa "titubear, tambalear o temblar". Se puede pensar que Noa era una mujer inestable, insegura o débil en el aspecto emocional.
- Hogla significa perdiz, una pequeña ave parecida a una gallina, pero también significa intrépida e inquieta. De Hogla se puede decir que era del tipo de personas que pierden el tiempo intencionalmente en rodeos, dilaciones y distracciones que retrasan y obstaculizan la resolución de problemas. Como algunos comentaristas también argumentan, Hogla tiene la personalidad del típico boxeador, que esquiva muchos golpes pero no lanza ninguno.
- Milca era la más delicada, sabia y con clase de las cinco. Su nombre significa literalmente "reina". Se dice que tenía un porte muy elegante y sofisticado.

- Finalmente tenemos a Tirsa. Esta era de esas mujeres muy nobles, serviciales, compasivas y amorosas. Dedicadas a servir a los demás, con un don natural de afecto y dulzura. De ahí que su nombre significaba "placentera, agradable, amada, complaciente y tierna".

Si observamos este importante detalle con detenimiento notaremos que cada uno de esos nombres revelaban características con las que estas mujeres hicieron frente a su adversidad. De alguna manera, y a pesar de lo variadas de sus particularidades, ellas tuvieron que enfrentar con coraje, determinación y tenacidad la desventaja social que amenazaba con dejarlas sin la herencia de su padre. A pesar de la enfermedad y debilidad física, de la inseguridad emocional y las dudas, de la falta de carácter, de su categoría o posición social, y de su delicadeza ternura, estas mujeres tuvieron que dejar a un lado sus quejas, sus debilidades, sus temores, su inseguridad, su elegancia y su gentileza para convertirse en mujeres fuertes, seguras, convincentes, decididas y hasta guerreras agresivas, porque había mucho en juego.

Había mucho que perder. Se trataba de la herencia de su padre.

No se trataba de un arrebato de rebelión, o que se hubieran vuelto locas, o que su intención fuera faltar al respeto. Estas mujeres se convencieron de que podían ser valientes sin dejar de ser corteses. Esta es, precisamente, la equivocación del feminismo. La mujer no conseguirá lo que le corresponde justa y razonablemente en la sociedad y en el propósito de Dios queriendo ser hombre. La mujer, siendo mujer, conseguirá y alcanzará todo lo que una mujer merece, por derecho propio y por disposición divina.

Esto fue lo que procuraron estas mujeres. Con tenacidad, con tacto, coraje, sabiduría y gracia. Cuando llegara el momento de la repartición de la tierra entre las tribus de Israel, ellas querían y anhelaban heredar su parte. Para eso, se dispusieron a hacer algo inconcebible en su época. Ellas decidieron ir donde Moisés, donde los ancianos y frente al resto de la congregación y pedir su herencia.

¿Qué pasaría? ¿Serían ignoradas? ¿Serían amonestadas? ¿Serían respondidos sus reclamos? ¿Serían juzgadas? A ellas no les importó. Ellas reclamarían lo que en justicia entendían que les pertenecía.

¡Qué valor! ¡Qué acto tan poderoso! ¡Qué decisión!

Para obtener justicia y trabajar por la paz es necesario atravesar fronteras. Ese fue el caso de estas cinco mujeres. Estas mujeres tuvieron que superar muchas barreras. Fronteras inalcanzables. Ponerse de pie y hablar francamente como lo hicieron las cinco hermanas significa que tuvieron que cruzar varias fronteras:

- Tuvieron que cruzar la frontera de la ansiedad para llegar cerca de la entrada del tabernáculo de reunión.

- Tuvieron que cruzar la frontera de sentirse inferiores de hablar por sí mismas como mujeres, en vez de dejar que alguien hablara por ellas.

- Tuvieron que cruzar la frontera de la falsa modestia y del estereotipo de mujer débil y delicada para mostrarse valientes y decididas.

- Tuvieron que atreverse a romper la regla, la tradición y la costumbre, y no esperar hasta que alguien les dijera que podían hablar.

- Tuvieron que cruzar la frontera del miedo a desafiar a la comunidad y su entendimiento de lo que parecía ser una ley invariable, divina y eterna.

- Tuvieron que, por supuesto, cruzar la frontera de desafiar al mundo para labrar su futuro, el futuro de sus familias y el futuro de muchas más mujeres, que tuvieron, que han tenido y que tendrán acceso a la tierra o heredad, incluyendo heredar el reino de Dios.

Desafortunadamente, así como sucede en nuestros días, seguramente había muchas mujeres como ellas, en su misma situación. Mujeres que se cruzaron de brazos, y que utilizaron como excusa su debilidad física, algún trauma emocional del pasado, su pobreza de espíritu, su carácter débil y hasta su orgullo para no echar mano de su propósito en Dios. Hoy hay miles de mujeres con herencia de Dios, pero viven temerosas de reclamarla por los conceptos erróneos y distorsionados de muchos que todavía tienen la mentalidad machista y patriarcal.

Las mujeres de nuestra historia decidieron ser diferentes. Sus nombres, su historia y hasta sus propias limitaciones no fueron excusa para quedarse sumidas en el lamento. Ellas se arriesgaron. No era el momento común y corriente en el que dejarían pasar su gran oportunidad. Era el momento preciso, puntual y único de reclamar su herencia. Reclamar lo suyo. De lanzarse en fe a obtener justicia.

Muchos identifican este caso como la primera apelación en la Biblia pro-derechos de la mujer. No se trata, sin embargo, de un feminismo irrespetuoso y vulgar. Se trata del reclamo firme, equilibrado y elegante de legítimos y verdaderos derechos como hijas del Padre. Fue por esto que Dios respaldó el reclamo de ellas. Dios mismo fue el justo defensor de su causa y les concedió su petición. Pero para esto tuvieron que ser valientes. A pesar de que la sociedad no les respaldara. A pesar de tuvieran todo en contra. A pesar de ellas mismas. De sus propias características y debilidades. A pesar de todo.

Mujer, hoy tú también puedes reclamar las posesiones de tu Padre. Tú tienes herencia. Hay ricas y maravillosas posesiones que Dios quiere otorgarte, pero has creído las mentiras que te han dicho, que eres inferior, sin derecho, oprimida, aplastada.

Las mujeres son herederas. Son reinas que saben que lo que es de Su Padre les pertenece, y ni la tradición, ni las creencias machistas, ni la religión, ni las circunstancias de la vida, ni siquiera ellas mismas o ninguna otra cosa deben impedir que reciban lo que es de ellas.

Ha llegado el momento de que las mujeres se levanten sobre sus pies y afirmen de forma equilibrada, bíblica y justa su valor, su potencial y su propósito en Dios. Es tiempo de concluir con el pasado, con los recuerdos, con los maltratos, con los traumas, con la baja autoestima que te han paralizado y han imposibilitado que seas todo lo que Dios dice que eres, y quiere que tú seas.

Hermana querida, ¿cuándo te levantarás a reclamar la herencia de tu Padre? No permitas que la enfermedad, el dolor, la indecisión, la duda, la conformidad, la comodidad o hasta el carácter dulce y tierno amenacen con dejarte fuera de la herencia del Padre.

Eres mujer, eres reina, eres heredera. No aceptes que nadie piense, crea y determine menos que eso. Las hijas de Zelofehad enriquecen la imagen de Dios. Una imagen de Dios que está en ti, y que también enriquece tu vida y la de tu familia.

¡Aprende de estas mujeres y reclama tu herencia hoy...!

DIOS Y MAMÁ
El arrullo de Dios en manos de la madre.

Lectura: Isaías 49:15

La Biblia está llena de ilustraciones acerca de Dios y Su pueblo que hacen referencia a la relación de las madres con sus hijos. Una de estas referencias de la Escritura es particularmente especial en mi vida. Mi madre ha hecho muy suya la declaración de Jesús en Mateo 23:37 acerca de cómo la gallina junta a sus polluelos. En nuestro caso, sin embargo, somos 6 polluelos que ya somos adultos. Pero Mamá Gallina siempre ha querido tener a sus hijitos bajo sus alas.

Este pasaje del libro de profeta Isaías se enmarca en el tiempo en el que el pueblo de Israel se encontraba cautivo en Babilonia, y sintió que Dios lo había abandonado. Es entonces que Dios, con un amor característico de una madre que no abandona a sus hijos, le pronuncia a través del profeta una expresión maternal. Una expresión que Dios sabía que era precisamente el tipo de expresión que el pueblo necesitaba en ese momento.

A nosotros nos pasa igual. ¿Cuántas veces, en situaciones difíciles de nuestra vida, se nos ha ocurrido exclamar, "¡Ay, mamá!"?

125

De alguna forma, cuando hacemos este tipo de manifestación, lo hacemos considerando que la figura maternal es un símbolo indiscutible de seguridad, de apoyo, de protección.

Esa era, precisamente, la sensación que Dios quería que el pueblo sintiera en ese momento. El deseo de Dios en ese momento se traducía en una expresión maternal para que, al igual que el deseo de una madre para con sus hijos, el pueblo sintiera la seguridad y la protección de que su Dios no los había abandonado.

¿Por qué Dios hizo una referencia tan especial al pueblo en esta ocasión? Porque, de alguna manera especial, el recuerdo de nuestra madre es un recuerdo imborrable en nuestras vidas.

Nunca, nunca, nunca el recuerdo de nuestra madre desaparece. Aún aquellas madres que ya no están con nosotros. Aún aquellas madres que nunca fueron conocidas por sus hijos. Siempre existe en todos los seres humanos esa añoranza, esa necesidad de arrullo, de cobertura, de calor, de paz y de tranquilidad que sólo los brazos de una madre pueden proporcionar.

Así mismo Dios quería que el pueblo se sintiera. Y, precisamente, esa extraordinaria y única sensación es la que Dios quiere que su pueblo sienta hoy.

Pudiéramos señalar y enumerar en un día como el Día de las Madres las más sublimes y sagradas características que una madre tiene. No hay duda en mi corazón de que la madre es el ser más extraordinariamente apreciado de entre los seres humanos. Sin embargo, la Palabra de Dios está llena de muchas otras consideraciones que debemos observar. No solamente en relación a la madre, sino en nuestra relación como madres, con nuestras madres, con la madre de nuestros hijos y con el Creador y Cuidador de las madres.

1. Una buena madre es una bendición de Dios.

Por inapropiado que pudiera sonar, no todo el mundo ha tenido la bendición de tener una buena madre. También es desafortunadamente cierto que no todos los hombres han tenido la bendición de tener una buena madre para sus hijos. Esta expresión pareciera ser muy inadecuada al considerar un tema como este, sin embargo, esta es, y ha sido, una muy terrible y triste realidad para muchas personas.

Pero, aunque es un tanto fuerte tener que admitir esta realidad, debemos entender que, cuando reconocemos esta realidad, estamos a la misma vez reconociendo otra realidad. Una realidad mucho más agradable y especial. La realidad de que, si bien es cierto que ha habido malas madres, también es cierto que existen muy buenas madres entre nosotros. Lo que a su vez nos quiere decir que el ser buenas madres no es precisamente una característica común en todas las madres, sino que ser una buena madre es una característica especial y única de verdaderas madres. Ser una buena madre no es un atributo que se le pueda atribuir a cualquiera. Ser buena madre es un reconocimiento a la labor sacrificada y desinteresada de un grupo selecto y exclusivo de mujeres extraordinarias. Mujeres con un corazón según el mismo corazón de Dios.

No estoy hablando de mujeres infalibles ni perfectas. Hablo de mujeres con defectos. Mujeres que se equivocan. Mujeres que cometen errores. Pero que también son mujeres que dan lo mejor de sí mismas. Mujeres esforzadas. Mujeres pequeñas, débiles, que pudieran pasar desapercibidas por la gran mayoría de las personas, pero que son capaces de mover el mundo por sus hijos.

Si podemos reconocer que nuestras madres tienen esas características, ciertamente podemos decir que nuestras madres son realmente una bendición de Dios.

2. Una buena madre es producto de una buena relación con Dios.

El libro de Proverbios está lleno de referencias a la buena mujer, esposa y madre. De hecho, en Proverbios 31 encontramos una lista de las características que hacen extraordinaria a la buena madre y esposa. Sin embargo, toda esta alabanza que recibe la mujer virtuosa de Proverbios 31 no es meramente producto del esfuerzo evidente de esta mujer. Proverbios 31:30 es maravillosamente certero en indicarnos la clave del éxito de esta mujer:

"Engañosa es la gracia y vana la hermosura; la mujer que teme a Jehová, ésa será alabada". (RVR60).

Noten que el texto reconoce la labor de la mujer, sin embargo, destaca que, por encima de estas cualidades, el reconocimiento a una buena madre viene por su temor a Dios. De hecho, el libro de Proverbios comienza indicando que *"el principio de la sabiduría es el temor a Jehová".* (Proverbios 1:7).

129

Casualmente este libro termina dando una descripción de una mujer que aprovechó ese consejo. Proverbios 31:30 nos presenta a una mujer que hace lo que hace una mujer que teme a Jehová. Este pasaje reconoce el poder innegable que tiene la mujer y la madre, pero no porque ese poder provenga de sus habilidades, ni de su belleza, ni de su fuerza. El poder de esta mujer reside en el Dios que la fortalece. Esto, entonces, nos quiere decir que una buena madre no es precisamente una mujer de carácter fuerte, sino firme. No se trata de fortaleza, se trata de firmeza.

Ahora bien, el pasaje de Isaías 49 nos está señalando una verdad bíblica extraordinaria. La última parte del v.15 hace una comparación que a muchos de nosotros nos resultaría un tanto inconcebible. Es más inconcebible aún cuando la primera parte de v.15 pareciera hacer un llamado a la conciencia de que una madre nunca olvida a sus hijos.

Yo estoy seguro que jamás pensaríamos en que nuestras madres fueran capaces de abandonarnos. Pudiéramos pensar en que se pueden olvidar muchas cosas, pero jamás pensaríamos en que una madre olvide a sus hijos. ¿Lo pensaría usted?

Sin embargo, Dios le está diciendo a su pueblo que, aún en el extremo caso de que haya madres que abandonen a sus hijos, ese no es su caso. Si difícil es que una madre abandone a sus hijos, mucho más difícil es que Dios nos abandone.

Yo sé que hay madres que piensan que Dios las ha abandonado. Sin embargo, a ti, madre, que jamás serías capaz de abandonar a tus hijos, Dios te dice que Él no te abandonará jamás.

Dios te dice hoy: "Yo soy tu madre. Tú eres mi hija. Jamás te abandonaré. Tu vida es mía. Tus hijos son míos. Tu casa es mía. ¿Cómo piensas que yo sea capaz de abandonarte? ¿Acaso lo harías tú?"

"Aunque tu padre y tu madre te dejaran, Yo con todo te recogeré. Con todo y tus problemas. Con todo y tu familia. Por eso te digo que tú, tus problemas y tu familia son míos". "Sólo te pido que hagas algo. Ese algo que yo sé que, si yo fuera tú, también haría. No me dejes. No me abandones. Quédate conmigo, así como yo sé que tú también te quedarías con tus hijos".

Esta es la promesa de Dios para ti. Es el arrullo de madre que siempre has querido. ¿Lo quieres?

MADRE DE LA PROMESA
Los hijos de la promesa cuentan contigo.

Lectura: Génesis 21:9-20

Muchos de nosotros conocemos la historia de Abraham. Dios prometió darle descendencia, aun cuando él y su esposa ya eran de edad muy avanzada. Finalmente Sara, la esposa de Abraham, concibió un hijo, a quien llamó Isaac. La promesa de Dios decía que en él, (en Isaac), serían benditas todas las familias y todas las naciones de la Tierra. No obstante, muchas veces no contemplamos o no consideramos las interioridades de la historia completa. La Biblia nos muestra también el "lado oscuro" de esta historia.

Antes de nacer Isaac, Abraham engendró un hijo varón con una sierva de Sara, llamada Agar. (Génesis 16). El niño de esta esclava se llamó Ismael. No voy a entrar a considerar detalles al respecto, ni voy a entrar en las implicaciones históricas y teológicas de este caso. Sin embargo, me detuve a observar este pasaje y a considerar la historia porque entiendo que el pasaje y la historia contienen profundas enseñanzas dirigidas a las madres.

Siempre he insistido que con todo lo que está escrito en la Biblia, y con todo lo que no está escrito en ellas, Dios tiene algo que enseñarnos. Le invito a que, si conoce la historia y esos detalles teológicos con los que siempre se ha considerado esta historia, deje de lado esos detalles por un momento, y haga un espacio para las enseñanzas que descubriremos en esta oportunidad.

Mujer, en especial a ti, hoy Dios tiene algo muy importante que decirte.

1. **Dios no ha prometido para ti una casa de promesas. Dios te ha dado promesas para tu casa.**

Resulta interesante considerar que Agar, la esclava de Abraham y sierva de Sara, habitó en la casa de éstos, siendo en esta casa donde Dios había declarado una promesa de bendición para las futuras generaciones. Seguramente en esa casa Agar llegó al conocimiento del verdadero Dios. Cuando Agar quedó embarazada, seguramente entendió que la promesa de bendición a las naciones sería a través de ella. Agar vivía ilusionada con la idea de ser la madre de una gran nación.

Tal vez esa expectativa vino a tu mente cuando también recibiste la noticia de que serías madre.

Seguramente pensaste:

- ¿Qué será cuando nazca: varón o hembra?
- ¿Qué será cuando sea grande?
- ¿Nacerá saludable?
- ¿A cuál de los dos se parecerá? ¿Al padre o a la madre?

El que hoy tengas un hijo es señal de que la promesa de Dios te alcanzó. Tienes descendencia. Tu hijo dará continuidad a lo que tú haces, aun cuando tú ya no estés. Tu vida seguirá en la vida de tu hijo por generaciones. En ese sentido, Dios ha comenzado a cumplir las promesas para tu casa. En tu hijo has comenzado a ver la fidelidad de Dios y el cumplimiento de Sus palabras de bendición para tu casa.

A manera de paréntesis hay que señalar que el caso de Agar estuvo plagado de severas equivocaciones. Mencionemos algunas para poner el asunto en contexto:

- Aun cuando Dios había dado promesa directa a Sara de que daría a luz un hijo, Sara mostró falta de fe al querer elaborar un plan alterno y forzar a su manera el cumplimiento de la promesa.

- El plan de Sara para que su esposo Abraham procreara descendencia en la sierva Agar evidenció un claro menosprecio a la promesa y omnipotencia de Dios.

- Desafortunadamente, también Abraham menosprecia el poder de Dios al consentir en el plan de su esposa.

- Muy posiblemente Agar, quien seguramente no tuvo opción entre aceptar o rechazar el subterfugio propuesto por Sara a su marido, habría llegado a pensar que su hijo sería el hijo de la promesa, pues su ama Sara la entregó a Abraham con ese propósito. Esto pudiera explicar en gran medida el por qué de su envanecimiento en contra de su señora.

Debe quedar meridianamente claro que el hijo de la promesa era aquel hijo que tuviera Sara, no aquel hijo que ella se procurara por cualquier otro medio. Ese no era el plan. El hijo de la promesa sería posteriormente Isaac, pues fue éste el hijo que ella dio a luz, tal cual había sido profetizado, y tal cual había sido prometido.

No obstante, y en virtud de la misma promesa hecha a Abraham, todos los hijos de la humanidad figuran en la promesa de bendición.

Como hijos descendientes de Abraham, y como parte de las familias y naciones que se contemplan en la promesa divina, ahí estamos todos nosotros. Y, desde luego, estaba también el hijo de Agar, y también están tus hijos.

Lo interesante en este punto es que Dios no miró la condición de sierva que tenia Agar. Tampoco miró tu condición. Con todo lo que tu vida haya traído, Dios te dio un hijo. Tal vez te dio varios. Lo importante es que Dios te los dio sin mirar lo que eras. Tal vez no le servías al Señor cuando los tuviste, sin embargo, Dios te los dio sin mirar lo que fuiste.

Sucede que Dios, desde el momento que le dio a Abraham la promesa, estaba pensando en ti. Tú también eras, y eres, parte de la promesa. Tú y tus hijos son parte de esa promesa hecha a Abraham, pues entre todas las familias de la Tierra estás tú y tus hijos.

Tampoco Dios miró lo que hiciste, ni los errores que seguramente hubieses cometido. La historia narra que Agar se enalteció, pues *"miraba con desprecio a su señora"*. (Génesis 16:4). Ciertamente Agar cometió errores en su vida. Tú, seguramente también.

Pero ahí, en tus hijos, permanece la promesa de Dios hecha a Abraham. Ahí están tus hijos, y para esos hijos Dios te escogió. Pensó en ti.

Por tanto, en las promesas que Dios haya declarado para tus hijos tú eres parte esencial. Dios contó contigo para la bendición de tus hijos.

Ahora bien, todos sabemos que ser madre no es una tarea fácil. Las madres sufren muchas penalidades y dificultades desde que tiene a su hijo en un vientre. El caso de Agar no fue la excepción, por lo que, habrá momentos en los que...

2. Tendrás que pasar por el desierto.

Esta realidad, que seguramente muchas madres han experimentado, también fue una realidad en la vida de Agar.

- Huyó de la casa porque Sara "la afligía". (Génesis 16:6).
- Ambos, ella y su hijo son despedidos de la casa.
- Después de habitar en la casa de la promesa, anduvo errante por el desierto. (Génesis 21:14).
- Estuvo a punto de ver morir a su hijo.

Está claro que algunas de esas penalidades que ella vivió fueron por causa de algunos errores que ella misma cometió. Otras, sin embargo, no fueron provocadas directamente por ella. El asunto es que, al igual que tú en ocasiones, ella vio desvanecerse la promesa que creía que era para ella. Aunque Ismael no era el hijo de la promesa, cuando menos alguna bendición podía adjudicársele.

Tal vez tú piensas que la promesa está lejana, o que no era para ti. Tal vez estés tan desilusionada como seguramente lo estuvo Agar. Lo que muchas veces olvidamos es que, en medio del desierto, en medio de las penalidades, en medio de la desilusión, Dios está presente. No solamente está teniendo cuidado de ti, como en el caso de Agar, sino que Dios también tiene cuidado de tus hijos. Dios está atento al clamor de ellos. Por tanto, la promesa no termina porque estés en el desierto. La promesa permanece aunque estés en el desierto.

También es necesario reconocer cuándo nuestros recursos para seguir adelante no son suficientes. Agar e Ismael solo contaban con un pan y un odre de agua. Es muy poco para atravesar tan grande desierto. Eso significa que, cuando estés en el desierto, no podrás depender de tus fuerzas.

Tus fuerzas son escasas. En el desierto tendrás que depender de Dios. Tus recursos son escasos. Dios es Todopoderoso. Sus riquezas son grandes en gloria. Esa riqueza de Dios es la garantía segura de Sus promesas. Dios tiene con qué respaldar lo que te ha prometido. Pero, para alcanzar esas promesas, es necesario hacer algo.

Esa es, tal vez, la parte más difícil del pacto, sobre todo porque, al igual que Agar, tendrás que hacer lo que Dios te diga, aunque estés en el desierto.

No es momento, entonces, de sentarte a la distancia a ver lo que sucede con tu hijo. Dios te ha hecho una promesa: Tu hijo no morirá. Es momento de escuchar y hacer lo que Dios te dice.

Génesis 21:18 tiene esas instrucciones:

A. Levántate.

Si por alguna razón te sientes en el suelo, es hora de levantarte. Si tu hijo no reclama su promesa, o no puede hacerlo por alguna razón, tendrás que hacerlo tú. Tus hijos son los hijos de la promesa, pero tú eres la madre de esos hijos, por lo tanto, tú eres la madre de la promesa. ¡Reclama tu promesa! Reclama también la de ellos.

B. Alza a tu hijo.

Dios le pidió a Agar que alzara a su muchacho. Hoy Dios te pide que tú también levantes al tuyo. Elévalo a Su presencia. Levántalo y colócalo delante de Su Trono. Tus oraciones son los brazos para tomar a tu hijo y mostrárselo al Señor.

Es por medio de tus oraciones que Dios honrará el pacto que hizo contigo cuando te lo dio. Él te lo entregó. Entrégaselo tú ahora a Él.

C. Sostenlo en tu mano.

Como madre siempre tienes una responsabilidad con tus hijos. Ellos nunca dejan de serlo. Aun cuando se casan y tienen sus propios hijos, siempre hay un deber que no te permite apartarlos de ti. Aun cuando estén a miles de kilómetros de distancia, ellos siempre están en tu corazón.

Tu deber de alzar a tu hijo en oración también es una responsabilidad que nunca termina. Sostenerlo implica que hay que levantar a nuestros hijos en oración constantemente. Todos los días. Sin cesar. No se trata simplemente de reclamar una promesa. Hay que reclamarla hasta que se cumpla.

Es por medio de estas instrucciones que, como dice Génesis 21:18, Dios hará de ellos una gran nación.

Tus hijos son los hijos de la promesa. Gracias a ellos, hoy tú eres la madre de la promesa. A ti también Dios te dice:

"Cree en el Señor Jesucristo y serás salvo tú y tu casa". (Hechos 16:31). (RVR60).

El dolor nunca es obstáculo para una madre cuando de sus hijos se trata. No lo fue cuando lo pariste. Las penalidades y las desilusiones nunca fueron, y nunca serán más importantes que tu hijo. Que tampoco lo sean cuando estés en el desierto. Agar vio el ángel de Dios en dos ocasiones, ambas en medio del desierto. Si hoy te sientes en el desierto, prepárate.

- Estás a punto de ver cumplidas Sus promesas.
- Estás a punto de alcanzar la bendición.
- Estás a punto de ver a Dios.

Tú eres la madre de la promesa. Levántate, alza tu hijo, sostenlo con tu mano, y Dios hará de él una gran nación.

Esa promesa es para ellos. Esa promesa también es para ti...

EL PERFUME DEL CRISTIANO
El distintivo exclusivo de nuestro carácter cristiano.
Lectura: Juan 12:1-8

Ustedes estarán de acuerdo conmigo en que Jesús siempre dejó una enseñanza para nosotros con cada cosa que dijo y en cada cosa que hizo. ¡Por algo la gente lo llamó "Maestro"! También estarán de acuerdo conmigo en que todo lo que está escrito en la Palabra se escribió ahí por inspiración de Dios con el propósito de que llegara hasta nosotros hoy, ¿cierto?

Ahora bien, estudiando este pasaje noté un detalle muy especial. El pasaje paralelo a éste, que narra el evangelio según Mateo en el capítulo 26:13, declara que Jesús expresó su deseo de que se contara lo que María había hecho. Yo me pregunto, ¿por qué? ¿Por qué un acto como este merece la distinción de que se cuente en todo lugar donde se hable este evangelio?

Se me ocurre pensar que, al igual que todo lo escrito en la Biblia, Jesús quería que esto se supiera porque este pasaje tiene grandes y profundas enseñanzas para todos nosotros. Veamos algunas de ellas.

En primer lugar, debemos destacar el elemento del perfume. El perfume ha sido muy famoso desde la misma antigüedad. Los egipcios desarrollaron todo un arte en la elaboración de ungüentos, que se usaban desde el baño natural hasta para embalsamar a sus muertos.

Los israelitas por su parte, hacían mucho uso de los perfumes y de los llamados óleos perfumados, tanto para el cuidado del cabello como del cuerpo. El aloe, la casia, la canela, la mirra y el nardo eran cultivados en las riberas del Jordán para tales fines. En Cantares 1:13 nos menciona que se acostumbraba llevar plantas aromáticas en saquitos. Una consideración especial nos merece el incienso sagrado, el cual era un perfume según el arte del perfumador (Éxodo 30:35). Éste era quemado de manera exclusiva en el Tabernáculo. Era tan especial en su olor que nadie podía prepararlo de forma privada, porque quien lo hiciera se exponía a la muerte. (Éxodo 30:34-38).

Hoy día existe toda una sofisticada industria para elaborar los mejores perfumes. Los precios de los perfumes son altamente competitivos. Hay diseñadores exclusivos, tanto de fragancias como de frascos.

Incluso los más afamados artistas y gente del entretenimiento prestan sus nombres y sus prestigios a la elaboración de algunos de ellos, para que su lanzamiento vaya precedido de fama. Por tanto, el perfume es reconocido como un elemento distintivo.

En este pasaje, María presentó un perfume que, por sus características, era un perfume considerado carísimo. Su costo representaba el trabajo de todo un año de un jornalero.

¿Qué pudiera significar esto para nosotros? Esto nos debe hacer reflexionar de que nuestras acciones llevarán el distintivo exclusivo de nuestro carácter cristiano. Lo que hacemos para con Dios y con los hombres representa la calidad de cristianos que decimos ser. ¿Será eso cierto en nuestras vidas? Debemos entonces procurar que nuestras actitudes correspondan a la marca de calidad y prestigio que tiene nuestro perfume de cristianos.

Luego tenemos el elemento del olor. El olor del perfume es lo que caracteriza lo exclusivo y distintivo del perfume. Tanto así que si el perfume no huele como se supone que huela, decimos que está dañado, adulterado, que no sirve o que es una imitación. Sobre todo, porque el olor del perfume será lo que cause el impacto deseado en los demás.

Yo particularmente, tengo un secreto de conservación para el perfume. Yo los guardo en la nevera. ¡No crea que estoy loco, por favor!! Todos los perfumes contienen un aditivo a base de alcohol llamado fijador. Este fijador tiene la tendencia a evaporarse si el perfume se expone a altas temperaturas. Al guardarlo en la nevera, se evita que el fijador se evapore, manteniendo por mucho más tiempo la fragancia. Yo tengo varios perfumes, y muchos de ellos los mantengo incluso por años en la nevera, y su fragancia sigue siendo la misma del primer día. Hágalo, no se arrepentirá.

Ahora bien, en el pasaje encontramos que, cuando la mujer derramó el perfume sobre Jesús, la casa entera se llenó del olor del perfume. El impacto de esta acción fue notable e innegable. Por tanto, es claro que lo que hagamos para nuestro Señor será notable, aunque este no sea precisamente el motivo o el propósito.

Vamos a dejar algo muy claro. Nosotros no debemos hacer las cosas para Dios buscando protagonismo. Pero tenga por seguro que lo que sea que uno haga por el Señor causará impacto, bien sea en una sola persona a quien usted le sirva de bendición como en toda una casa a la que usted llene con el olor de su perfume.

Por otra parte, esto quiere decir que lo que hagamos para el Señor, debemos hacerlo bien, para que el nombre de Dios sea glorificado. Si por el contrario, hacemos las cosas mal, de mala gana o con los pies, entonces el nombre de Dios no será glorificado, sino pisoteado. Recuerde que el propósito de un buen perfume es que tenga buena fragancia, y que esa fragancia agrade a todos.

Todo esto que hemos mencionado implica que toda esta gestión de esta mujer conllevó dedicación, esfuerzo y sacrificio. Dedicación porque decidió separar algo realmente especial para el Señor. Concibió en su corazón una idea genial, maravillosa y valiosa. Pero esto requeriría que ella se esforzara para cumplirla.

María pudo ofrecer este perfume carísimo, no porque fuera rica, sino porque se esforzó para adquirir este perfume carísimo.

Anteriormente indicamos que el costo de este perfume representaba el salario de todo un año de un jornalero. Pero, ¡un momento! Quien ofrece este perfume no es un hombre, ¡es una mujer! Comparativamente, el salario de una mujer trabajadora era de 5 a 10 veces menor que el salario de un hombre.

Por tanto, si a un hombre le tomaba un año comprar un perfume como este, sin disfrutar ni un solo centavo de su salario, ¡a esta mujer le tomó entre 5 y 10 años juntar ese dinero y comprar el perfume!

¡Qué extraordinaria muestra de dedicación, esmero, sacrificio y agradecimiento! Seguramente se privó de muchas cosas para juntar todo ese dinero y finalmente poder adquirir eso tan valioso que quería ofrecerle al Señor.

Yo pregunto, ¿cuál es el precio de nuestro sacrificio? ¿Qué estamos dispuestos a negarnos a nosotros mismos con tal de agradar a nuestro Jesús?

En el pasaje que leímos, encontramos una mujer que, a pesar de no ser rica, pudo ofrecer a Dios un regalo de excelencia. Lo valioso de este regalo no fue solamente lo que costó en términos económicos, sino en términos de sacrificio.

Para nosotros, lo que más valor tiene es aquello que mucho nos ha costado. Le añadimos al valor económico un valor sentimental, que por lo general es mucho más significativo.

No obstante, a nuestro Dios no vamos a poder impresionarlo con regalos caros o por lo que cuesten. Recordemos que Él es el dueño del oro y de la plata. A Dios lo impresionará la dedicación, el esfuerzo y el sacrificio que hayamos puesto en adquirir ese regalo para Él.

La recompensa que recibió María por su acción fue que la misma habría de ser reconocida siempre que este evangelio sea hablado. Por tanto, lo que hagamos para el Señor también tendrá recompensa. Una recompensa duradera y fiel como la de María.

Ahora bien, todo este esfuerzo, todo este sacrificio, toda esta acción tuvo su impacto. Sin embargo, este impacto fue, para muchos positivo, pero para otros fue negativo. Siempre que se rompe un perfume en la casa encontramos que alguien menciona el hecho positivo de que la casa quedó perfumada. Sin embargo, habrá al menos uno (por lo general el dueño del perfume), que protestará por la ruptura. Y esta es otra enseñanza del pasaje. Más bien, es una realidad de nuestro quehacer.

Desafortunadamente, siempre habrá alguien que presente oposición a lo que queramos hacer para el Señor.

Incluso dirán que no estamos capacitados para hacerlo. Dirán que porque eres mujer (como en el caso de María), o porque eres joven, o viejo, o gordo, o flaco, o feo o bonito tú no eres el idóneo para esa tarea. Dirán que por lo que fuimos o por lo que hicimos en el pasado, hoy no somos quién para hacer lo que hacemos para Dios.

Sin embargo, nuestra autoridad viene de Dios y se manifiesta por lo que hacemos por Dios. Este conflicto, sin embargo, es parte del proceso. El sacrificio no será sacrificio si no nos cuesta. El sacrificio cuesta esfuerzo, dedicación y muchas veces oposición.

Note algo bien interesante en este caso. Quien se opone a la acción de María es nada más y nada menos que Judas. Un truhán, sinvergüenza y muchas otras cosas que no voy a mencionar. Hay un refrán que dice que "siempre critica quien menos puede".

A diferencia del dueño del perfume que mencionamos anteriormente, Judas no era ni el dueño, ni había puesto un solo centavo para comprarlo. No obstante, tuvo el descaro de opinar en un asunto que no le competía. Sin embargo, aún en esto hay propósito de Dios.

Ambos, Judas y María, estaban haciendo su parte para que el eventual sacrificio de Cristo fuera un éxito. Judas, porque planificó la entrega de Jesús por 30 piezas de plata. María, por su parte, lo preparaba para su sepultura.

Debemos entender entonces lo que el mismo Jesús enseñó, "el que no es conmigo, contra mí es". Tendremos entonces que elegir de qué bando vamos a estar. ¿En qué posición estamos, a favor o en contra?

Por otra parte, el pasaje nos trae otra enseñanza. Aún a pesar del sacrificio, de las privaciones y de las oposiciones, nosotros tenemos que traer a los pies de Jesús lo mejor que podamos brindarle. Pero hay algo más.

Por el hecho de que nuestro sacrificio para Dios sea costoso, no quiere decir que Dios tenga que venir a buscarlo. Nuestra ofrenda a Dios la tenemos que traer a sus pies. No basta con tener un gran talento útil para Dios y Su obra. Dios no se lo va a pedir si usted no se lo quiere dar.

Pero, ¿cómo traeremos nuestro talento, nuestro perfume a los pies de Jesús? María nos enseñó de una manera contundente.

El frasco de nuestro perfume tiene que ser quebrado. Nuestra entrega debe ser total, sin medida ni reserva. De todas formas, ¿cómo fue la entrega de Jesús por nuestra salvación?

Quebrantar el frasco es negarnos a nosotros mismos. Quebrarnos significa que no reservaremos nada para nosotros de lo que le daremos al Señor. En la forma que entreguemos nuestro perfume demostraremos la forma en que amamos a Jesús. Nuestro amor por Jesús, ¿tiene límites? Por tanto, al igual que Jesús nos enseñó a entregarlo todo por amor, nuestro perfume para Dios debe ser uno igualmente de amor.

¿Amamos a Jesús? Quebremos el frasco, y derramemos todo nuestro perfume a sus pies, impregnando también todo y a todos...

NOTITAS EN EL EQUIPAJE
Algunas cosas que hacen las mujeres que nos recuerdan algunas cosas que hace Dios.
Lectura: Salmo 19:1

En una ocasión escuché a un pastor retirado dando su testimonio. Él contaba acerca de los muchos viajes que tuvo que dar a diferentes países donde Dios le permitió ministrar.

Durante su testimonio, destacó la importancia de la ayuda y comprensión de su esposa. Contaba este pastor de las muchísimas ocasiones en las que ella permaneció en el hogar, atendiendo a los hijos, la iglesia y las demás responsabilidades. No obstante, él destacó de manera especial la forma en la que ella preparaba su equipaje para cada viaje. Ella ponía un esmerado cuidado en acomodar la ropa y los demás artículos personales de su esposo.

Esto pudiera no tener ninguna importancia, más allá de lo característico de un ama de casa. Sin embargo, esta mujer hacía algo en el momento de preparar el equipaje de este hombre que realmente marcaba una diferencia.

Entre medio de la ropa y los artículos personales, ella colocaba unas notitas escritas con pequeños mensajes de amor, textos bíblicos y pensamientos positivos. De más está decir que, en cada viaje, este hombre nunca perdió la conexión espiritual con su esposa, aún cuando estuviera a miles de kilómetros de distancia, o no pudiera comunicarse al hogar por días.

Dios, todos los días y a cada instante, está haciendo con nosotros lo mismo que esta mujer hacía con su esposo.

Cuando examinamos los pasajes de Génesis en los que se describe el momento de la creación, podemos notar que se menciona día por día todo lo que Dios hizo. La Biblia describe la creación como perfectamente funcional. La Tierra produjo plantas, y cada planta produciría fruto y semilla. Cada ser viviente en la Tierra, planta o animal, tendría la capacidad de reproducirse. Como si fuera poco, dice la Biblia que Dios encontró la creación *"buena en gran manera"*. (Génesis 1:31).

Sin embargo, ¿no ha notado usted que la Biblia no describe los detalles específicos de la creación tal y como usted y yo la podemos apreciar?

¿A qué me refiero con esta pregunta? Bueno, resulta que lo que la Palabra de Dios nos presenta en ese pasaje de Génesis implica que la naturaleza sería funcional, pero no nos dice lo hermosa que era.

- La tierra produciría plantas, pero no nos dice de lo hermosas y variadas de esas plantas.
- Cada planta produciría semillas y frutos, pero no nos habla de lo hermoso de las flores de cada planta, ni de los olores tan particulares que cada una tiene.
- Los frutos de las plantas nos servirían para comer, pero no habla de la variedad inmensa de sabores deliciosos de esos frutos.

La Creación destaca 2 características importantes de Dios. En primer lugar, destaca Su grandeza. El Salmo 19:1 nos declara que los cielos cuentan la gloria de Dios y que el firmamento anuncia la obra de Sus manos. Toda la creación nos habla de un Dios ciertamente grande.

El Apóstol Pablo también afirma la verdad que el Rey David establece en este salmo. En Romanos 1:20, Pablo nos dice lo siguiente:

"Porque las cosas invisibles de él, [refiriéndose a Dios], *su poder y deidad, se hacen claramente visibles desde la creación del mundo…".* (RVR60).

Ciertamente la creación de Dios nos declara el poder y deidad del Dios de la creación. Ahora bien, note que, aún cuando Pablo también afirma que la creación declara el poder y deidad de Dios, tampoco nos indica lo hermosa que es. Tampoco nos dice lo que esta belleza de la naturaleza significa. Entonces, si la creación declara el poder, la grandeza y la deidad de Dios, ¿será que la belleza de la creación también declara algo? ¿Qué significa la belleza de la creación?

Es, precisamente, en la belleza de la creación, que se declara la otra gran característica de Dios. La creación declara con su belleza cuánto Dios nos ama. La funcionalidad y ciencia de la naturaleza nos dice lo grande que es Dios.

Muchas veces nos sorprendemos de la forma tan maravillosa en que funciona el cuerpo humano. En ocasiones, hasta de manera jocosa, nos preguntamos cómo le entra el agua al coco. No nos queda otro remedio sino aceptar que Dios es grande y maravilloso.

La belleza de la naturaleza, por otra parte, nos dice lo grande que es el amor de Dios. Piense en esto. La naturaleza no tenía que ser bella. Con que funcionara era suficiente. Sin embargo, Dios no la hizo desabrida. La hizo con colores, aromas y sabores. Dios la hizo bella para recordarnos cuánto nos ama.

La esposa de este pastor no tenía por qué añadir notitas en el equipaje de su esposo. Estoy seguro que el pastor no necesitaba que la esposa le dejara estas notas para tan siquiera imaginar que su esposa lo amaba. Pero no se trataba de que él lo imaginara. Ella quería demostrárselo.

Nosotros hemos sido testigos y beneficiarios del amor de Dios. Al darnos a Su Hijo Unigénito, Dios nos amó de una manera sin igual. Nos amó *"de tal manera"*. (Juan 3:16).

Por tanto, la salvación del alma hubiera sido suficiente recompensa para nuestra fe en Jesucristo. Pero Dios quiso hacer algo más.

No bastaba con que fuéramos salvos. Dios también quería que fuéramos bendecidos. La salvación es el plan en acción, obrando de manera funcional. Las bendiciones, por otro lado, son las flores en nuestras plantas. Son los aromas de esas flores.

Son los sabores de nuestras frutas. Son las notitas en nuestro equipaje. Así hace Dios con nosotros. Constantemente nos está diciendo lo mucho que nos ama.

Desafortunadamente, muchas veces olvidamos la grandeza y el amor de Dios. Peor aún, no somos capaces de reconocer, y hasta ignoramos esa grandeza y ese amor de Dios, aún cuando la creación está declarándolo constantemente justo en frente de nuestras narices.

Los aborígenes de América Latina y el Caribe no veían al Dios Viviente al que adoraban, pero lo reconocían en Su creación. Lo veían en el trueno, el sol, la lluvia, el huracán. Ellos no veían nada de eso como algo en sí mismo. Lo veían como Dios manifestado en cada uno de estos fenómenos.

Lo que la creación nos declara es una verdad que nosotros hemos tergiversado. Nosotros quisiéramos ver y saber que nuestras cosas están en las manos de Dios, cuando lo que deberíamos procurar es ver y saber que Dios está en nuestras cosas. A veces queremos que Dios nos hable por medio de la naturaleza, cuando lo que deberíamos procurar es escuchar a la naturaleza hablándonos de Dios.

- Tratamos de ver lo que la naturaleza declara cuando deberíamos ver a Quién la naturaleza declara.
- La naturaleza no declara algo.
- La naturaleza declara a Alguien.

De alguna manera, la Palabra de Dios nos presenta una visión muy distinta a la nuestra. Ahora bien, algo interesante sucede cuando recuperamos esa visión que nos presenta esta enseñanza. Cuando vemos a Dios en las cosas, las cosas comienzan a verse diferentes. Es como si ahora las cosas las viéramos con otros ojos. Comenzamos a ver el equipaje de nuestra vida de otra forma.

Lo que sucede es que ahora, lo que creíamos que era algo que podíamos dar por sentado, o por común y corriente, de momento lo vemos como el más grande mensaje de amor de Dios para nuestra vida. Tu equipaje, las cosas que cargas en la maleta de tu vida, comienzan a declararte el cuidado especial de un Dios que te ha guardado en toda situación o circunstancia, aún cuando ni siquiera te habías dado cuenta. Ahora todo tiene sentido. Ahora nos sorprendemos hasta de lo más simple y elemental. Un "Te Amo" puede llegar a sonar como una expresión común, como algo a lo que estamos acostumbrados, pero cuando lo encontramos en una pequeña nota cuando estamos a cientos de kilómetros de distancia, produce en nosotros un suspiro de ternura, de añoranza por el hogar por la caricia tierna de nuestra esposa, y hasta guardamos esa pequeña nota como un talismán invaluable.

Cuentan de la historia de un anciano que viajaba en un tren con su hijo de 30 años. El tren estaba lleno de estudiantes, parejas que se trasladaban a otro lugar en busca de oportunidades y hasta gente de negocios. Lo particular de este muchacho era que se comportaba como un chico con retraso mental. Tenía su cara pegada a la ventana junto a su asiento, y constantemente le señalaba a su padre cada árbol, montaña, arbusto, puente o río que podía ver a su paso.

La gente ya había comenzado a incomodarse, pues incluso miraba fijamente a las personas. Para colmo, comenzó a llover y a este joven se le ocurrió abrir la ventana, por lo que la lluvia comenzó a mojar a los pasajeros a su alrededor, en particular a una joven que estaba en el asiento más próximo a ellos.

La protesta se hizo evidente, y los pasajeros comenzaron a increpar al joven y a exigirle que se comportara como debería comportarse un hombre de 30 años.

Su padre pidió un poco de silencio a los pasajeros y comenzó a disculparse de la siguiente forma:

"Les suplico puedan disculpar a mi hijo por su conducta. Sucede que mi hijo nació ciego, y hace apenas una semana fue operado de la vista. Gracias a Dios, ahora puede ver. Todo lo que ve es nuevo para él, y por eso responde tan emocionado".

Las palabras de este anciano cayeron como un balde de agua fría a los pasajeros. Todos ofrecieron a su vez sus disculpas y le expresaron, tanto al joven como a su padre, sus mejores deseos y felicitaciones.

Sin embargo, la joven que estaba toda empapada no dijo ni una sola palabra. Estaba muy quieta y su rostro no mostraba ninguna expresión. De momento, el joven se le acercó al notar que estaba llorando y le dijo: "Lo siento. No quise hacerte ningún mal. ¿Me disculpas?".

La joven lo miró fijamente y le dijo con voz entrecortada:

"¿Disculparte? ¡Al contrario! Yo debo agradecerte. Mis lágrimas no son por tu culpa, sino gracias a ti".

"Por mucho tiempo no me di cuenta que hay cosas en las que ni siquiera pensaba, y de lo importante que son cuando éstas pueden sorprendernos con su hermosura. Hacía muchos años que no dejaba que la lluvia me mojara, y gracias a ti me doy cuenta de que muchas cosas en mi vida debo volver a verlas como cuando las vi por primera vez. Gracias por la lluvia, y gracias por las lágrimas".

Y tú, ¿hace cuánto tiempo que no ves a Dios en tus cosas? ¿Cuándo fue la última vez que algo tan pequeño te habló de un Dios tan grande?

La creación nos habla de un Dios grande, pero su belleza nos habla de un Dios de amor. Tal vez para volver a verlo necesites ser operado de tus ojos.

¿Necesitas ser operado de los ojos para poder leer en la naturaleza las notitas que Dios nos ha dejado en nuestro equipaje? ¿Qué necesitas para volver a ver a Dios en todas las circunstancias de tu vida? Sólo mira a tu alrededor. Ahí en tu equipaje están las notitas de Dios.

Abre tus ojos, y léelas...

CONTROL, VOLUNTAD Y PROPOSITO

La dolorosa experiencia de una madre nos revela el maravilloso quehacer de Dios en las cosas de la vida.

Lectura: Salmos 138:8

De las experiencias que he vivido en mi ministerio pastoral, una de las más dramáticas han sido las de consolar a una madre que ha perdido a su hijo. No hay palabras que puedan describir el dolor de una madre o un padre que tiene que sepultar a su retoño, cuando lo natural es que por ley de vida sean los hijos quienes entierren a sus padres. En nuestra iglesia hemos vivido esa dolorosa experiencia en más de una ocasión.

Recuerdo de manera particular el caso de una hermana de nuestra iglesia cuyo hijo mayor pertenecía al Ejército de los Estados Unidos. Este joven sargento era parte de una comitiva de suministros que fue víctima de una bomba en el camino, muriendo él y sus compañeros en Afganistán. Cuando llegué a su casa para consolarla, ella me recibió totalmente devastada por la noticia, y mientras la abrazaba me preguntó: "¿Por qué pasó esto, si nosotros oramos para que Dios me guardara a mi hijo?".

Es sumamente difícil ofrecer una respuesta a una pregunta como esta. ¿Quién pudiera conocer las cosas que solamente Dios conoce desde su absoluta soberanía? Desde luego, yo entiendo que no fue la intención de la hermana ponerme en aprietos como pastor, pero, para serle honesto, ante el dolor y la incertidumbre que provocan situaciones como ésta, usualmente lo que yo como pastor pudiera hacer en ese instante es revertirle la misma pregunta a Dios. ¿Por qué? ¿Por qué? ¿Por qué?

Ahora bien, experiencias tan dolorosas como éstas me han hecho pensar, recapacitar y reflexionar de manera más profunda acerca de lo que usualmente decimos en estos casos:

- Dios lo quiso así.
- Esa fue la voluntad del Señor.
- Dios tiene control de todas las cosas.

Voy a serle bien franco y sincero. Contestaciones como éstas no ofrecen las explicaciones que deseamos escuchar en momentos como éstos. Aun más, pienso que estas respuestas, (que realmente para lo que sirven es para salir airoso de la dificultad que propone la pregunta sin proponer algo concreto), lejos de ofrecer algún tipo de aliciente, pudieran incluso producir muchas más dudas.

- ¿Por qué Dios lo quiso así?
- ¿Por qué esa tiene que ser la voluntad del Señor?
- Si Dios tiene el control de todas las cosas, ¿por qué no pudo evitar que mi hijo muriera?

Debo admitir que la situación me conmocionó poderosamente. Quisiéramos tener la respuesta adecuada y precisa para cada una de estas preguntas. Fue entonces que vino a mi mente buscar lo que la Biblia dice acerca del control de Dios sobre todas las cosas.

En ese instante me di cuenta de que había hecho un gran descubrimiento: En la Biblia no aparece la palabra "control". Entonces fue que pude comenzar a entender este asunto. Si la Palabra de Dios no nos habla de "control", entonces la dinámica de Dios con las cosas no es a base de control. Las cosas que nos ocurren, aun las más difíciles, trágicas e inexplicables, no están contempladas por Dios desde una perspectiva de control. Si esto es cierto, ¿en qué radica entonces el manejo o intervención de Dios con las cosas que nos ocurren?

En Salmos 138:8 encontramos un interesante ángulo. En ese texto la Palabra de Dios nos dice: *"Jehová cumplirá su propósito en mi"*.

A mi entender, lo que este simple versículo nos ofrece es una poderosa respuesta en términos de ese manejo o intervención de Dios. Realmente, la dinámica de Dios con nosotros y las cosas que nos suceden no es una de control, sino de propósito.

El control de las cosas sugiere una imposición, en muchos casos por la fuerza, de los asuntos, situaciones y resultados de los eventos que se desean controlar. En ese sentido, si Dios ejerciera control de las cosas que nos suceden, estaría de alguna manera interviniendo de manera forzada por sobre el libre albedrío del hombre. La realidad es que Dios no nos está controlando ni manipulando, como si fuéramos marionetas tiradas por hilos invisibles. Si así fuera, todos los seres humanos estaríamos haciendo lo que Dios quiere, y sabemos que esa no es la realidad.

El hombre, en el ejercicio de su libre albedrío, ha decidido apartarse de Dios y hacer lo que mejor le parece o le place. En ese sentido, muchas de esas cosas que ocurren en la vida no son por "control o "descontrol" de Dios, sino por decisión de nosotros mismos. La muerte del joven sargento no ocurrió, entonces, por control o descontrol de Dios, sino por la acción de aquellos que, en el ejercicio voluntario de su decisión, prepararon y colocaron el artefacto explosivo que detonó en el camino por donde esta comitiva transitaría.

Esto no quiere decir que Dios desconoce las cosas que nos ocurren, o que habrán de ocurrirnos. Dios lo conoce todo. No obstante, el hecho de que Él lo conozca no quiere decir que Él intervendrá en todos los casos para evitarlo, o que Él lo determine premeditadamente. De lo que sí estamos seguros, de acuerdo al texto, es que a pesar de todo, Dios cumplirá su propósito en nosotros. Su dinámica de propósito no se invalida, ni sus planes se arruinan, aun cuando pareciera que las cosas están fuera de control.

No obstante, ese propósito no siempre nos es revelado de inmediato. Es por esta razón que a nosotros nos parecen inexplicables algunas cosas que ocurren. Lo peor es que esto nos puede hacer pensar en que si no recibimos respuesta inmediata relacionada a ese propósito de Dios, a nosotros nos parece que lo ocurrido está fuera del propósito de Dios.

Podemos ser capaces de pensar que, si no tenemos una explicación por lo sucedido, entonces ni Dios mismo la tiene.

Y, claro, si aún seguimos pensando que Dios tiene el control de todas las cosas, equivocadamente también podemos pensar que Dios tiene la culpa de todo lo que ocurra "fuera de control". De más está decir que esto constituye un peligroso error que seguramente amenazará nuestra relación con Dios, pues nos hará pensar que no vale la pena confiar en un Dios que no nos explica lo que pasa, que permite arbitrariamente que nos sucedan cosas malas, o que sencillamente no tiene el poder para evitarlas.

Por otro lado, establecer que Dios tiene control de todas las cosas sería la excusa perfecta para adjudicarle a Dios todos los males del mundo. Es la manera perfecta en la que el hombre puede evadir la responsabilidad de sus propios actos y sus propias decisiones.

El peligroso error de adjudicar el control de todas las cosas a Dios radica en que cualquier "descontrol" de las cosas podamos también atribuírselo a Dios. De hecho, si analizamos la actitud de algunas personas ante las tragedias de la vida, notaremos que muchos de ellos hacen a Dios responsable de alguna manera por lo sucedido.

¿Habrá querido Dios crear al hombre para luego verlo morir? ¿Habrá querido Dios que el pecado hubiera entrado en el mundo y causara los estragos que aun en nuestros tiempos sigue causando? ¿Se alegraría Dios por la muerte de este joven soldado? Humanamente pienso que Dios no lo quiso así. ¿Pudo haberlo evitado Dios? Por supuesto que sí. Entonces, ¿qué ocurrió? ¿Por qué ocurrió?

Como ya hemos comenzado a entender, la dinámica de Dios con las cosas de la vida no es a base de control, sino de propósito. La Biblia no habla de control. Esa palabra, como ya sabemos, no está en la Biblia. Lo que realmente Dios tiene con todas las cosas es un propósito claro y definido.

En todo caso, el control que Dios tiene con todas las cosas está relacionado directamente con el propósito que Él tenga para nuestras vidas. Lo que sí Dios hará será utilizar todo lo que ocurra para cumplir su propósito en nosotros. Dios no deja, y nunca dejará en la oscuridad cualquier asunto que tenga que ver con nosotros. Dios es luz, y su luz habrá de revelar, en su tiempo perfecto y de la manera perfecta, todo aquello que haya de ser revelado a nosotros.

Observemos cómo a lo largo de las Escrituras esta verdad se confirma una y otra vez.

- Dios utilizó el hecho de que Jesús no encontrara un lugar en el mesón para que, al nacer, los pastores tuvieran la confirmación inequívoca de la señal dada por los ángeles de que encontrarían al Salvador del mundo envuelto en pañales y acostado en un pesebre.
- Dios utilizó la cruz para cumplir su propósito de salvación para la humanidad por medio de la muerte de Cristo.
- Dios utilizó la triste realidad de sepultar a su Hijo amado con el propósito glorioso de garantizarnos vida eterna en Jesús por medio de su resurrección, y de demostrarnos sin lugar a dudas cuál es Su propósito para nosotros cuando la muerte nos alcance.

¿Hubiera querido Dios que Su propio Hijo pasara por todo lo que tuvo que pasar para cumplir el propósito del Padre? Humanamente pienso que no. Sin embargo, no hay duda de que el propósito de Dios resultó ser más excelente, ¿no le parece?

Ahora bien, quisiera que considerara conmigo un interesante asunto de conexión en todo esto.

Existe, de alguna manera, una conexión entre las cosas que suceden, el propósito de Dios con esas cosas que suceden y el alegado control que decimos que Dios tiene de todas las cosas que suceden.

Como hemos mencionado, lo relacionamos con las decisiones, el ejercicio libre y voluntario de nuestro criterio, nuestro libre albedrío y con la responsabilidad que debemos asumir por nuestras acciones. La Palabra de Dios lo define como voluntad.

¿Cómo las Escrituras definen el término "voluntad"? La historia de la ofrenda del tabernáculo nos da una idea.

Éxodo 35 narra el momento en el que Moisés convoca al pueblo para solicitarles que tomaran ofrendas de todo tipo para la construcción del tabernáculo de reunión. Desde oro, plata y piedras preciosas, hasta pieles, aceites y telas finas para la vestidura de los sacerdotes. La respuesta del pueblo a este llamado nos revela el asunto de la voluntad que queremos resaltar.

Específicamente en Éxodo 35:20-21 encontramos la definición de "voluntad" que procuramos:

"Y salió toda la congregación de los hijos de Israel de delante de Moisés. Y vino <u>todo varón a quien su corazón estimuló</u>, y <u>todo aquel a quien su espíritu le dio voluntad</u>, con ofrenda a Jehová para la obra del tabernáculo de reunión y para toda su obra, y para las sagradas vestiduras". (RVR60).

De acuerdo al pasaje, la voluntad es el estímulo del corazón hacia una obra o acción. Es el impulso de nuestro espíritu para que actuemos de conformidad con ese impulso o estímulo del espíritu y el corazón.

Ahora note bien cómo la voluntad se convierte en una conexión entre el alegado control de las cosas y el propósito de Dios. Si nuestro espíritu estimula nuestra voluntad hacia la acción para la realización de un propósito, ¿no puede acaso el Espíritu Santo estimular nuestra voluntad hacia la acción correspondiente en Su propósito? Es en esta conexión donde puede percibirse algún elemento de control de parte de Dios, que no es realmente control, sino más bien influencia.

¿Acaso no ocurre lo mismo con la influencia o el ofrecimiento del pecado? Esa influencia, estímulo, impulso de nuestro espíritu a la acción, o posible control se conoce como tentación.

En ambos casos, bien sea en la influencia de Dios o la tentación del pecado, se percibe un elemento de presión o intención de control con el único y determinado propósito de inclinar la voluntad del hombre hacia un lado o el otro. Otra manera de decirlo pudiera ser que la voluntad de Dios es que el hombre, libre y voluntariamente, se incline hacia el propósito de Dios.

Por tanto, para que el propósito de Dios se cumpla en nosotros, nuestra voluntad debe estar alineada con la voluntad de Dios. En este caso, esto tampoco quiere decir que el propósito de Dios significa control de todas las cosas, sino que nosotros podemos someter nuestra voluntad a la de Dios para que su propósito se cumpla en nosotros.

Esa es, precisamente, la parte difícil de someter nuestra voluntad a la voluntad de Dios. Cuesta trabajo rendir nuestra voluntad a una voluntad que en muchas ocasiones tiene un propósito desconocido, o distinto al nuestro.

¿Cómo, entonces, podemos someter nuestra voluntad a la voluntad y propósito de Dios, cuando la muerte de un hijo, u otras situaciones como las que acabamos de considerar, parecen estar fuera de esa voluntad y propósito de Dios?

¿Cómo rendirnos y ceder el control cuando las respuestas que nos ofrece la vida no parecen ser satisfactorias, cuando son oscuras y contribuyen, más bien, a la duda, al temor y al desamparo?

El salmista pide a Dios que le enseñe a hacer su voluntad. (Salmos 143:10). Por tanto, esto es algo que debemos aprenderlo. Pero también es algo que debemos pedirlo. Jesús nos lo enseñó en el Padre Nuestro: *"Hágase tu voluntad"*. (Mateo 6:10).

Lo ideal en este punto sería que, si lo que la Palabra de Dios propone es que sometamos nuestra voluntad a la voluntad y propósito de Dios, ¿cómo podemos hacerlo? ¿Cuál es la clave para poder lograrlo?

El Apóstol Pablo, inspirado por el Espíritu Santo, nos exhorta en Romanos 12:2 lo siguiente:

"No os conforméis a este siglo, sino transformaos por medio de la renovación de vuestro entendimiento, para que comprobéis cuál sea la buena voluntad de Dios, agradable y perfecta". (RV).

¿Qué significa "comprobar" la buena voluntad de Dios agradable y perfecta?

Definamos, entonces, lo que se quiere decir con "comprobar". La definición del verbo griego *dokimazo* se atribuye al examen o discernimiento de aquello que finalmente agrade la voluntad de otro, en este caso la voluntad de Dios, sin que se tenga en cuenta los intereses privados, personales o particulares. Se trata de una elección anteponiendo el criterio de Dios por encima de nuestro propio criterio.

La lógica detrás de este razonamiento es que no podremos comprobar la buena voluntad de Dios, agradable y perfecta, desde nuestro criterio y apreciación personal, limitada y humana. Romanos 12:2 sugiere que una aceptación de esta naturaleza de la voluntad de Dios solamente surge de una renovación y transformación del pensamiento, y de no amoldarnos a la forma en la que el mundo pretende explicar, solucionar o controlar las situaciones de la vida.

Desde esa perspectiva, amoldarnos a la forma de mundo, o conformarnos en figura y modelo a como el mundo se conforma, puede significar el querer pensar, elegir y actuar de acuerdo al control que podamos o queramos tener de alguna situación, y no confiar en la voluntad de Dios y su propósito. Más aun, se trata de querer que Dios controle todas las cosas de acuerdo a nuestro criterio es una manera de demostrar nuestra falta de un elemento importantísimo en todo este asunto. Hablamos específicamente de la fe.

¿Qué papel juega la fe en este complicado asunto de someter nuestra voluntad a la voluntad y propósito de Dios?

La fe en Dios es esencial en toda esta dinámica, pues es por medio de la fe que demostramos que nuestra voluntad está alineada a la voluntad de Dios. ¿Qué hace la fe, entonces, cuando sometemos nuestra voluntad a la voluntad de Dios?

- La fe nos libera de la presión de querer tener todo bajo control.
- La fe nos permite entender y aceptar que todas las cosas, aun las situaciones más adversas, obrarán en nuestro bien dentro del propósito por el cual Dios las haya permitido.
- La fe nos servirá de vehículo que nos conducirá hasta ese punto en tiempo y espacio donde se encuentran lo bueno, agradable y perfecto de la voluntad y el propósito de Dios.
- La fe nos permitirá esperar confiadamente en Dios mientras ese momento llega.

En un parlamento de una película escuché una vez que la fe no es verdaderamente fe hasta que ella es lo único que nos sostiene. La garantía que la Palabra de Dios ofrece a una fe de esta naturaleza es que el resultado de someter nuestra voluntad a la voluntad y propósito de Dios redundará, según Romanos 12:2, en que comprobaremos, corroboraremos, tendremos la seguridad y seremos testigos de que la voluntad de Dios, a pesar de, y por encima de cualquier tragedia de la vida, es buena, agradable y perfecta.

¿Se da cuenta ahora de por qué la dinámica de Dios en relación con las cosas que nos suceden no es a base de control, sino de propósito?

Quien desea controlar las cosas de alguna manera desconfía. No cree. No tiene fe. Por tanto, quien espere que Dios controle las cosas puede estar, sin darse cuenta, dudando del propósito de Dios. Querer tener control de las cosas es querer evitar. Evitar sorpresas. Evitar sobresaltos. Lo que no podemos perder de perspectiva es que querer evitar se convierte en querer evadir, y dentro del propósito de Dios, evitar y evadir mediante el control de las cosas puede significar evitar y evadir su propósito.

- Querer controlar es querer evitar el valle de sombras y de muerte, y quien pretende evitar el valle de sombras y de muerte evade la experiencia del cuidado pastoral de Dios.
- Quien evita al herido en el camino de Jericó evade la oportunidad de convertirse en el buen samaritano.
- Quien evita comprobar la voluntad de Dios evade comprobar que esa voluntad de Dios es buena, agradable y perfecta.
- Quien evita depender de la fe evade la eficacia de ella ante lo desconocido.
- Querer evitar las situaciones que la vida puede presentarnos en determinados momentos es evadir, limitar y obstaculizar el propósito de Dios en nosotros.

Si regresamos a las preguntas iniciales, ahora podemos establecer lo siguiente:

- Dios no quiere que la desgracia y el dolor toquen nuestras vidas.
- La voluntad de Dios es siempre buena, agradable y perfecta, pero esa voluntad de Dios responde al propósito de Dios con las cosas que ocurren.
- Repetimos, Dios no quiere, no es la voluntad de Dios, que la desgracia y el dolor nos lastimen y nos hieran.

- No obstante, y a pesar de que la voluntad y acción del hombre sea contraria y apartada de la voluntad de Dios, y esas acciones nos hieran y nos lastimen, con todo Dios cumplirá su propósito en nosotros.
- ¿Por qué mueren nuestros hijos, y el mundo se corrompe cada día más? Tenga por seguro que no es porque Dios así lo quiere, ni porque esa es su santa voluntad. Todo esto ocurre porque el hombre se ha apartado de Dios, y vive de espaldas a su voluntad.
- De la voluntad de Dios sabemos que es buena, agradable y perfecta. Del propósito de Dios es del que usualmente no tendremos una declaración inmediata.

En ese sentido, aunque Dios no nos declare el propósito que tiene con las cosas que nos ocurren, la esperanza y seguridad que tenemos por la Palabra de Dios, por la fe y por su Espíritu es que seguramente ese propósito corresponderá a esa voluntad de Dios. Su propósito, entonces, será igualmente bueno, agradable y perfecto.

No pretendamos imponerle a Dios un control que Él no procura ni demanda. Las Escrituras nos advierten de la realidad de que viviremos tiempos de angustia.

(Salmos 91:15). Jesús también nos advierte de que en el mundo tendremos aflicción, (Juan 16:33). Si esto ha de ser inevitable, entonces:

- ¿Por qué pretender que el control de Dios consista en la total eliminación de esos momentos, si la misma Palabra de Dios nos declara que Él estará con nosotros en el tiempo de angustia, y de que podemos confiar en Él porque Él ha vencido al mundo?
- ¿Por qué no mejor confiar en que aun en medio de esos momentos inevitables podemos contar con su paz y su consuelo?
- Si de todas maneras ocurrirán eventos angustiosos, ¿no será mejor tener fe en Dios, quien siempre tendrá un propósito bueno, agradable y perfecto con lo que ocurra?

Confiemos mejor en Su propósito. Será entonces que el afán de control perderá su razón de ser, nuestra voluntad se alineará con la voluntad de Dios, y su propósito bueno, agradable y perfecto se cumplirá en nosotros...

DE PROFESIÓN: AMA DE CASA
Tareas de la madre en el hogar desde la perspectiva bíblica.
Lectura: Proverbios 14:1

Hace un tiempo observaba una caricatura en la que se mostraba a una mujer trabajando en algunas tareas del hogar. Se apreciaba que ella estaba en la parte exterior de la casa, había un pequeño jardín, y ella específicamente pintaba una de las paredes. La pared que pintaba estaba identificada con la palabra "Familia", ella sostenía una lata de pintura identificada con la palabra "Amor" y lucía un delantal que decía al frente "Mamá".

En la misma ilustración se podía observar a otra mujer que le preguntaba a esta ama de casa la razón por la que ella trabajaba tanto. La mujer de la ilustración simplemente le contestó: *"Es que la casa necesita constante cuidado y atención..."*.

Esa caricatura me pareció muy apropiada para compartir una reflexión con las damas de la iglesia, con motivo del Día de las Madres de ese año. La misma me sirvió para poder ilustrar el trabajo de la mujer en el hogar, identificando en la caricatura algunos elementos que definen su tarea como ama de casa.

Brevemente les presentaré estos elementos de la ilustración en conexión con la función que una mujer y madre realiza en el hogar y la familia.

1. La Pintura.

La pintura es el elemento representativo de la provisión de amor en el hogar. Ciertamente debemos procurar para nuestras casas la pintura de mejor calidad. Una buena pintura nos garantiza una mejor y más extensa durabilidad, y una mejor protección de la estructura. En ese sentido, no hay duda de que la familia debe estar siempre cubierta y revestida por la pintura del amor. Un amor igualmente de buena calidad.

De otra parte, la diligencia e insistencia de la mujer en mantener la casa bien pintada en todo tiempo nos muestra la necesidad de que la pintura siempre esté fresca. El mantener las paredes del hogar siempre bien retocadas es indicativo del constante esmero que debemos tener en la renovación de amor para con todos los componentes de la familia. Nos indica que el compromiso de amor para con los nuestros no es tarea de un solo día, sino una función de todos los días en la reafirmación del pacto y la aplicación reiterada del amor en el hogar.

Una casa bien cuidada, y una familia siempre bien atendida es la mejor carta de presentación hacia los que observan de afuera.

Eso, sin embargo, no quiere decir que haremos uso indiscriminado de la pintura en la casa. La dosis de amor en la familia debe permanecer constante, pero la administración de este recurso debe realizarse de manera sabia. No estoy hablando de retazar el amor como el que maneja con mezquindad un presupuesto, o pretende hacer rendir un producto añadiendo otros ingredientes que hasta pueden alterar la calidad del mismo, sino que la manifestación de amor en el hogar debe ser una que no lastime, malcríe o dañe de alguna manera la salud integral de la familia.

Parecerá extraño, pero, como dice un refrán, "hay amores que matan". Considere, por ejemplo, el elemento de la pintura. La pintura viene en diferentes preparaciones para satisfacer, precisamente, las diferentes necesidades de pintura en el hogar. Hay pinturas para exterior y otras para interior. Hay pinturas con base de aceite para metales, hay pinturas para piso y hay pinturas con textura engomada para las paredes más expuestas a la lluvia o al agua.

Esta consideración implica que no podemos aplicar indiscriminadamente cualquier pintura a cualquier área de la casa, pues de otro modo, arruinaría aquello que se pinte. De igual manera, debemos aplicar la pintura del amor correspondiente a cada miembro de la familia.

Los hijos deben ser amados como hijos, sin que ello represente la invasión del espacio privado y reservado para el esposo. Los espacios deben estar bien definidos, para que la aplicación de la pintura sea adecuada y pertinente. De otro modo, se puede echar a perder una u otra área.

Hay pintura externa de amor que nos indica que también existen relaciones de amor significativas para el hogar fuera de la casa, pero estas relaciones jamás deben ocupar el lugar ni la atención correspondiente a las que son vitales y necesarias dentro del núcleo familiar. La pintura exterior es para exteriores, y la pintura interior es para el interior. No es conveniente invertirlas o mezclarlas, porque se dañarán ambos trabajos.

Es interesante también notar que, cuando pintamos nuestra casa, se cuenta con el consenso general de los que viven en la casa para, al menos, escoger el color.

Esta observación implica que todos los componentes de la familia deben estar al tanto de las reglas de la casa. Llegar a ese consenso es establecer las reglas del hogar para que todos estén conscientes y enterados de las mismas.

No puede haber nada más desagradable al momento de pintar nuestra casa que el color no nos guste. El acuerdo entre los habitantes del hogar significa que el establecimiento de las reglas de la casa y su aplicación no deben sorprender a nadie. Nos garantiza que todos estaremos de acuerdo con la aplicación de la pintura, y que si es necesario hacer ajustes por cuestión de alergias o cualquier otro síntoma desfavorable, que se atienda el asunto neurálgico lo antes posible.

Estas consideraciones serán necesarias, pues la casa siempre necesita cuidado y atención, así como la estructura de nuestra casa también necesita mantenimiento constante.

2. La Brocha.

El uso de la brocha o pincel me hace pensar en el cuidado a los pequeños detalles. Cuando pintamos a brocha estamos poniendo especial atención y cuidado en la aplicación de la pintura.

Por lo mismo, la brocha en esta escena representa el elemento de la delicadeza en la aplicación del amor en el hogar. Representa, precisamente, esa característica especial de la mujer en el cuidado de los detalles, y de la sutileza femenina en el cuidado amoroso de su familia.

Esto nos lleva a considerar otro elemento de la ilustración que está relacionado íntimamente con este elemento de la brocha.

3. Las Flores.

No hay duda de que las flores en el hogar son el elemento indicativo del toque femenino de la casa. Se ha dicho que la familia es como un jardín, pero un jardín sin flores no es más que un arbusto cualquiera. La presencia de las flores nos dice que el jardín está completo. Que está hermoso. Que es, en efecto, un jardín de verdad.

De igual modo, una familia sin la presencia activa de la mujer y de la madre carece de un elemento importantísimo para su definición y estructura. Usualmente, cuando se considera el elemento de la presencia en el hogar, se dirige la atención a la falta del padre en el hogar. El varón, como padre y sacerdote del hogar, representa todo aquello que la mujer sola no puede representar.

Digan lo que digan, los padres debemos estar presentes en el hogar, de una u otra forma, sobre todo por lo que representa en términos formativos de los hijos. y, desde luego, un hogar sin un padre no es lo mismo. Siempre hace falta la figura paternal para darle sentido a la estructura de familia.

No obstante, la figura de la mujer y la madre es igualmente vital y fundamental, y esa es una responsabilidad que la mujer no puede ni debe evadir. La tarea de mamá es insustituible. Es muy cierto que en nuestros tiempos se ha hecho necesario que mamá también salga a trabajar. De hecho, la mayoría de la fuerza laboral de muchos países del mundo la componen las mujeres. Sin embargo, en un mundo donde mamá también sale a trabajar es necesario que mamá no olvide su responsabilidad. Mamá puede salir a trabajar, pero Mamá necesita seguir siendo Mamá.

Hoy en día, y por razón de la realidad social y económica de nuestros tiempos, son otras personas las que cuidan de nuestros hijos. Son otras personas las que les están dando mantenimiento a nuestros hogares. Sin embargo, debe quedar bien claro y definido el hecho de que la señora que cuida no es mamá. Abuela no es mamá. La tía no es mamá. Sólo Mamá es Mamá.

Según los padres no podemos desentendernos de nuestra responsabilidad, las madres tampoco. Desde luego, esto implica que todos los componentes de la familia debemos ayudar en la casa. Las tareas hay que compartirlas, pues la casa es de todos. Ayudando en la casa logramos que TODOS formen parte de la casa, y que todos puedan estar presentes y activos en el funcionamiento de la familia.

Alguien dijo una vez: "Si queremos que nuestros hijos tengan los pies sobre la tierra, debemos ponerles responsabilidades sobre sus hombros". Mamá tiene la habilidad de saber distribuir esas tareas. Pero para hacerlo, debe estar presente. Como lo haría un buen administrador. Como lo haría un buen mayordomo de los bienes de su señor. Como lo haría la mujer sabia que edifica su casa.

4. La Verja.

En la caricatura también se apreciaba la presencia de una verja. Destaco este punto porque la verja representa un cuidado especial y particular para el hogar. La verja separa. La verja pone distancia. La verja define el espacio.

La presencia de una verja en nuestro hogar tiene 2 importantes aplicaciones prácticas:

- Protección – Establece separación y límite de acceso de intrusos externos. Rebasar esos límites sin la debida autorización representa una violación al espacio privado de la casa. Nadie que pretenda acercarse a la casa debe violentar esas reglas de acceso. Quien pretenda acercarse a la familia debe entender que esa familia tiene unos parámetros de comportamiento y conducta definidos, los cuales no deben desobedecerse ni violarse. Hacer eso es saltar la verja sin permiso, y seguramente con las peores intenciones. Solo el diablo viene a hurtar, matar y destruir, (Juan 10:10), y para eso, suele saltar la verja para quebrantar la ley.

- Límites – Esta es la otra cara de la moneda, pues la verja también establece el orden interno de la casa. Son las reglas establecidas en el hogar que ningún miembro de la familia debe quebrantar. Representa aquellos asuntos, valores y responsabilidades incuestionables de la familia. Quien intente quebrantar esa ley, también está saltando por sobre la verja, y hacer eso, desde luego, tiene sus consecuencias.

La verja establece orden dentro de la casa, y define espacio y respeto para los que de afuera quieran acercarse. Una buena suegra sabe de lo que estoy hablando.

5. La Ropa.

Curiosamente, también señalamos el detalle en la ilustración de que la mujer llevaba puesto un delantal que decía "Mamá". Este es un detalle muy significativo en la ilustración, y que muchas veces se pasa por alto o se malinterpreta de manera atroz.

Si hay un elemento distintivo en cualquier lugar de trabajo es que los que trabajan en cualquier lugar de trabajo estén identificados. El uniforme es representativo de que pertenecemos a ese lugar, y que de una manera especial representamos esa firma, esa marca o ese servicio.

Yo estoy convencido de que, cuando mamá se pone el uniforme de mamá, nadie en la casa tiene duda de que ella es la mamá. Cuando Mamá está en casa, todo el mundo lo nota. Todo el mundo lo sabe. Todos en la casa saben quién manda. A nadie más le sirve ese uniforme. Nadie mejor que Mamá para llevarlo bien puesto. A nadie mejor le cae el título.

Cuando Mamá se pone el uniforme de mamá en la casa está indicando claramente a todos los demás miembros de la casa de que ella está en actitud de trabajo. Está en modo operacional de liderato y control.

Aunque usted no lo crea, esto brinda al núcleo familiar un importante sentido de seguridad. Cuando Mamá está en casa, sabemos que en algún momento nos llamarán a comer, pero también sabemos que nos han de llamar para colaborar en los asuntos de la casa. Cuando Mamá toma la batuta, hay que seguir el ritmo, y eso es bueno. Todo funcionará como debe ser. La casa estará bien atendida. El mantenimiento estará al día.

El delantal, la ropa distintiva, el uniforme de mamá es indicativo de que la mujer y madre del hogar ha asumido su responsabilidad y su título. Ha recibido y aceptado su título profesional más extraordinario. Ha decidido ser la mujer sabia que edifica su casa. Pero, por otro lado, colocarse el uniforme de mamá le hace reconocer a los demás que mamá NO ES la sirvienta. Quien piense de esa manera está malinterpretando la función sacerdotal de la madre en el hogar. Cuando Mamá se pone el delantal de "Mamá" todos deben colocarse en posición de servicio. Mamá es la jefa. La que manda. La AMA DE LA CASA.

El hogar hay que edificarlo. Hay que edificarlo sobre una buena base. Pero, después de edificado, el hogar requiere mantenimiento. Un mantenimiento que debe ser constante, permanente, amoroso, firme y decidido.

Proverbios 14:1 nos dice que la mujer sabia edifica su casa. Edifica su casa considerando y observando todos estos detalles con mucho cuidado y esmero. A la mujer que no observa estas recomendaciones el mismo pasaje la califica como necia. La mujer que no se esmera y se esfuerza en este cuidado y atención derriba con sus propias manos todo lo construido.

Mujer, tu casa está en tus manos. ¿La mantendrás? ¿Procurarás mantenerla edificada correctamente? ¿Es tu pintura de amor fresca y de buena calidad? ¿Está siendo aplicada adecuadamente? ¿Está tu jardín florecido constantemente? ¿Has cuidado de establecer una verja de límites y valores firmes para con los de adentro y para con los de afuera? ¿Procuras estar presente y activa en tu hogar a pesar de las responsabilidades que puedas tener fuera de tu casa? En tu casa, ¿saben quién tú eres?

Tú eres mujer sabia. Entonces, edifica tu casa...

BREVE BIOGRAFIA DEL AUTOR

Elvin Heredia es presbítero de la Iglesia del Nazareno, Distrito Este de Puerto Rico y pastor titular de la Iglesia del Nazareno del pueblo de Gurabo. Posee un Doctorado en Filosofía (PhD.) en Teo-Terapia Familiar y Pastoral Sistémica de ECOTHEOS International University & Bible College en Puerto Rico, un grado de Maestría en Psicología y Consejería Clínica Cristiana de DOXA International University en Florida, USA, y un Bachillerato en Asesoramiento Familiar de la Escuela Graduada de Terapia y Psicología Pastoral de Puerto Rico.

Es consejero certificado en Teo-Terapia (Nivel III) por la International Reciprocity Board of Therapeutic & Rehabilitation (I.R.B.O.), entidad reconocida por la Federación Mundial de Comunidades Terapéuticas y por el Programa Social de Comunidades Terapéuticas de la Organización de las Naciones Unidas. Es profesor asociado del Seminario Nazareno de Las Américas (SENDAS) en San José, Costa Rica para la Maestría en Ciencias de la Religión con mención en Orientación de la Familia, para el Bachillerato en Teología y el Bachillerato en Pastoral Juvenil. Ha dictado conferencias y talleres para matrimonios en Puerto Rico, los Estados Unidos y otros países. Es el autor de la colección de libros TEOLOSIS.

El pastor Heredia vive en Puerto Rico con su esposa Carmencita y sus hijas, Jane Marie y Ana Cristina.